Richtlinien und Lehrpläne
für die Sekundarstufe II – Gymnasium/Gesamtschule
in Nordrhein-Westfalen

Philosophie

ISBN 3–89314–621–0

Heft 4716

Herausgegeben vom
Ministerium für Schule und Weiterbildung, Wissenschaft und Forschung
des Landes Nordrhein-Westfalen
Völklinger Straße 49, 40221 Düsseldorf

Copyright by Ritterbach Verlag GmbH, Frechen

Druck und Verlag: Ritterbach Verlag
Rudolf-Diesel-Straße 5–7, 50226 Frechen
Telefon (0 22 34) 18 66-0, Fax (0 22 34) 18 66 90
www.ritterbach.de

1. Auflage 1999

Vorwort

Die bisher vorliegenden Richtlinien und Lehrpläne für die gymnasiale Oberstufe sind im Jahre 1981 erlassen worden. Sie haben die Arbeit in der gymnasialen Oberstufe geprägt, sie haben die fachlichen Standards für neue Fächer erstmalig formuliert und so die Grundlage für die Vergleichbarkeit der Abituranforderungen gesichert.

Die Überarbeitung und Weiterentwicklung muss bewährte Grundorientierungen der gymnasialen Oberstufe sichern und zugleich Antworten auf die Fragen geben, die sich in der Diskussion der Kultusministerkonferenz seit 1994 im Dialog mit der Hochschulrektorenkonferenz und in der Diskussion der Schulen und der pädagogisch interessierten Öffentlichkeit herausgebildet haben und aus deren Beantwortung sich die Leitlinien der Weiterentwicklung ergeben.

Hierbei sind folgende Gesichtspunkte wesentlich:

- Eine vertiefte allgemeine Bildung, wissenschaftspropädeutische Grundbildung und soziale Kompetenzen, die in der gymnasialen Oberstufe erworben bzw. weiterentwickelt werden, sind Voraussetzungen für die Zuerkennung der allgemeinen Hochschulreife; sie befähigen in besonderer Weise zur Aufnahme eines Hochschulstudiums oder zum Erlernen eines Berufes.

- Besondere Bedeutung kommt dabei grundlegenden Kompetenzen zu, die notwendige Voraussetzung für Studium und Beruf sind. Diese Kompetenzen – sprachliche Ausdrucksfähigkeit, fremdsprachliche Kommunikationsfähigkeit, Umgang mit mathematischen Systemen, Verfahren und Modellen – werden nicht nur in den Fächern Deutsch, Mathematik, Fremdsprache erworben.

- Lernprozesse, die nicht nur auf kurzfristige Lernergebnisse zielen, sondern die dauerhafte Lernkompetenzen aufbauen, müssen gestärkt werden. Es sollten deutlicher Lehr- und Lernsituationen vorgesehen werden, die selbstständiges Lernen und Lernen in der Gruppe begünstigen und die die Selbststeuerung des Lernens verbessern.

- Zum Wesen des Lernens in der gymnasialen Oberstufe gehört das Denken und Arbeiten in übergreifenden Zusammenhängen und komplexen Strukturen. Unverzichtbar dafür ist neben dem fachbezogenen ein fachübergreifend und fächerverbindend angelegter Unterricht.

Lernen in diesem Sinne setzt eine deutliche Obligatorik und den klaren Ausweis von Anforderungen, aber auch Gestaltungsspielräumen für die Schulen voraus. Die Richtlinien und Lehrpläne sollen die Arbeit in der gymnasialen Oberstufe steuern und entwickeln. Sie sichern durch die Festlegung von Verbindlichkeiten einen Bestand an gemeinsamen Lernerfahrungen und eröffnen Freiräume für Schulen, Lehrkräfte und Lerngruppen.

Die Richtlinien und Lehrpläne bilden eine Grundlage für die Entwicklung und Sicherung der Qualität schulischer Arbeit. Sie verdeutlichen, welche Ansprüche von Eltern, Schülerinnen und Schülern an die Schule gestellt werden können und welche Anforderungen die Schule an Schülerinnen und Schüler stellen kann. Sie sind Bezugspunkt für die Schulprogrammarbeit und die regelmäßige Überprüfung der eigenen Arbeit.

Allen, die an der Entwicklung der Richtlinien und Lehrpläne mitgearbeitet haben, danke ich für ihre engagierten Beiträge.

Gabriele Behler

(Gabriele Behler)

Ministerin für Schule und Weiterbildung, Wissenschaft und Forschung
des Landes Nordrhein-Westfalen

Auszug aus dem Amtsblatt
des Ministeriums für Schule und Weiterbildung, Wissenschaft und Forschung
des Landes Nordrhein-Westfalen
Teil 1 Nr. 4/99

Sekundarstufe II –
Gymnasiale Oberstufe des Gymnasiums und der Gesamtschule;
Richtlinien und Lehrpläne

RdErl. d. Ministeriums
für Schule und Weiterbildung, Wissenschaft und Forschung
v. 17. 3. 1999 – 732.36–20/0–277/99

Für die gymnasiale Oberstufe des Gymnasiums und der Gesamtschule in Nordrhein-Westfalen werden hiermit Richtlinien und Lehrpläne für die einzelnen Fächer gemäß § 1 SchVG (BASS 1 – 2) festgesetzt.

Sie treten am 1. August 1999, beginnend mit der Jahrgangsstufe 11, in Kraft. Die in den Lehrplänen vorgesehenen schulinternen Abstimmungen zur Umsetzung der Lehrpläne können im Laufe des Schuljahres 1999/2000 erfolgen.

Die Veröffentlichung erfolgt in der Schriftenreihe „Schule in NRW“.

Die vom Verlag übersandten Hefte sind in die Schulbibliothek einzustellen und dort u. a. für die Mitwirkungsberechtigten zur Einsichtnahme bzw. zur Ausleihe verfügbar zu halten.

Die bisherigen Richtlinien und Materialien zur Leistungsbewertung treten zum 1. August 2001 außer Kraft. Die Runderlasse

vom 16. 6.1981, vom 27.10.1982 und
vom 27. 6.1989 (BASS 15 – 31 Nr. 01, 1 bis 29),
vom 15. 7.1981 (BASS 15 – 31 Nr. 30),
vom 30. 6.1991 (BASS 15 – 31 Nr. 31),
vom 9.11.1993 (BASS 15 – 31 Nr. 32) und
vom 21.12.1983 (BASS 15 – 31 Nr. 02 bis 30.1)

werden zum 1. August 2001 aufgehoben.

Gesamtinhalt

Richtlinien

„(1) Ehrfurcht vor Gott, Achtung vor der Würde des Menschen und Bereitschaft zum sozialen Handeln zu wecken, ist vornehmstes Ziel der Erziehung.

(2) Die Jugend soll erzogen werden im Geiste der Menschlichkeit, der Demokratie und der Freiheit, zur Duldsamkeit und zur Achtung vor der Überzeugung des anderen, zur Verantwortung für die Erhaltung der natürlichen Lebensgrundlagen, in Liebe zu Volk und Heimat, zur Völkergemeinschaft und Friedensgesinnung."

(Artikel 7 der Verfassung für das Land Nordrhein-Westfalen)

1 Aufgaben und Ziele der gymnasialen Oberstufe

1.1 Grundlagen

Die gymnasiale Oberstufe setzt die Erziehungs- und Unterrichtsarbeit der Sekundarstufe I fort. Wie in den Bildungsgängen der Sekundarstufe I vollziehen sich Erziehung und Unterricht auch in der gymnasialen Oberstufe im Rahmen der Grundsätze, die in Artikel 7 der Verfassung für das Land Nordrhein-Westfalen und in § 1 des Schulordnungsgesetzes festgelegt sind.

Die gymnasiale Oberstufe beginnt mit der Jahrgangsstufe 11 und nimmt auch Schülerinnen und Schüler aus anderen Schulformen auf, die die Berechtigung zum Besuch der gymnasialen Oberstufe besitzen. Sie vermittelt im Laufe der Jahrgangsstufen 11 bis 13 die Studierfähigkeit und führt zur allgemeinen Hochschulreife. Die allgemeine Hochschulreife ermöglicht die Aufnahme eines Studiums und eröffnet gleichermaßen den Weg in eine berufliche Ausbildung.

1.2 Auftrag

Die gymnasiale Oberstufe fördert den Bildungsprozess der Schülerinnen und Schüler in seiner personalen, sozialen und fachlichen Dimension. Bildung wird dabei als Lern- und Entwicklungsprozess verstanden, der sich auf das Individuum bezieht und in dem kognitives und emotionales, fachliches und fachübergreifendes Lernen, individuelle und soziale Erfahrungen, Theorie und Praxis miteinander verknüpft und ethische Kategorien vermittelt und angeeignet werden.

Erziehung und Unterricht in der gymnasialen Oberstufe sollen

- **zu einer wissenschaftspropädeutischen Ausbildung führen und**
- **Hilfen geben zur persönlichen Entfaltung in sozialer Verantwortlichkeit.**

Die genannten Aufgaben sind aufeinander bezogen. Die Schülerinnen und Schüler sollen zunehmend befähigt werden, für ihr Lernen selbst verantwortlich zu sein, in der Bewältigung anspruchsvoller Lernaufgaben ihre Kompetenzen zu erweitern, mit eigenen Fähigkeiten produktiv umzugehen, um so dauerhafte Lernkompetenzen aufzubauen. Ein solches Bildungsverständnis zielt nicht nur auf Selbstständigkeit und Selbsttätigkeit, sondern auch auf die Entwicklung von Kooperationsbereitschaft und Teamfähigkeit.

Voraussetzung für das Gelingen dieses Bildungsprozesses ist die Festigung „einer **vertieften allgemeinen Bildung** mit einem gemeinsamen Grundbestand von Kenntnissen und Fähigkeiten, die nicht erst in der gymnasialen Oberstufe erworben werden sollen"[1]. Die Schülerinnen und Schüler sollen durch die Auseinandersetzung mit einem Gefüge von Aufgabenfeldern, fachlichen und überfachlichen Themen, Gegenständen, Arbeitsweisen und Lernformen studierfähig werden.

---

[1] KMK-Beschluss vom 25.2.1994 „Sicherung der Qualität der allgemeinen Hochschulreife als schulische Abschlussqualifikation und Gewährleistung der Studierfähigkeit".

1.3 Erziehung und Unterricht in der gymnasialen Oberstufe

1.3.1 Wissenschaftspropädeutik

Wissenschaftspropädeutisches Lernen ist ein besonders akzentuiertes wissenschaftsorientiertes Lernen, das durch Systematisierung, Methodenbewusstsein, Problematisierung und Distanz gekennzeichnet ist und das die kognitiven und affektiven Verhaltensweisen umfasst, die Merkmale wissenschaftlichen Arbeitens sind. Wissenschaftspropädeutisches Lernen setzt Wissen voraus.

Ansätze wissenschaftspropädeutischen Arbeitens finden sich bereits in der Sekundarstufe I. Das Lernen in der gymnasialen Oberstufe baut darauf auf.

Wissenschaftspropädeutisches Lernen umfasst systematisches und methodisches Arbeiten sowohl in den einzelnen Fächern als auch in fachübergreifenden und fächerverbindenden Vorhaben.

Im Einzelnen lassen sich folgende Elemente wissenschaftspropädeutischen Lernens unterscheiden:

Grundlagenwissen

Wissenschaftspropädeutisches Lernen setzt ein jederzeit verfügbares, gut vernetztes fachliches Grundlagenwissen voraus, das eine Orientierung im Hinblick auf die relevanten Inhalte, Fragestellungen, Kategorien und Methoden der jeweiligen Fachbereiche ermöglicht und fachübergreifende Fragestellungen einschließt. Wissenschaftspropädeutisches Lernen baut daher auf einer vertieften Allgemeinbildung auf, die sich auf ein breites Spektrum von Fachbereichen und Fächern bezieht, und trägt umgekehrt zu ihr bei (vgl. Kapitel 2.3 und 2.4).

Selbstständiges Lernen und Arbeiten

Wissenschaftspropädeutisches Lernen ist methodisches Lernen. Es zielt darauf hin, dass die Schülerinnen und Schüler grundlegende wissenschaftliche Erkenntnis- und Verfahrensweisen systematisch erarbeiten.

Der Unterricht muss daher so gestaltet werden, dass die Schülerinnen und Schüler lernen, eine Aufgabenstellung selbstständig zu strukturieren, die erforderlichen Arbeitsmethoden problemangemessen und zeitökonomisch auszuführen, Hypothesen zu bilden und zu prüfen und die Arbeitsergebnisse angemessen darzustellen.

Reflexions- und Urteilsfähigkeit

Wissenschaftspropädeutisches Arbeiten erfordert problem- und prozessbezogenes Denken und Denken in Zusammenhängen. Die Schülerinnen und Schüler sollen sachgemäß argumentieren lernen, Meinungen von Tatsachen, Wesentliches von Unwesentlichem unterscheiden, Prinzipien und Regeln verstehen, anwenden und übertragen können. Sie sollen die Grenzen und Geschichtlichkeit wissenschaftlicher Aussagen erkennen und den Zusammenhang und das Zusammenwirken von Wissenschaften kennen lernen. Schließlich geht es um das Verständnis für grundlegende wissenschaftstheoretische und philosophische Fragestellungen, Deutungen der Wirklichkeit, um ethische Grundüberlegungen und um die Reflexion des eigenen Denkens und Handelns.

Grundlegende Einstellungen und Verhaltensweisen für wissenschaftliches Arbeiten

Es gilt, Verhaltensweisen zu entwickeln und zu pflegen, mit denen wissenschaftliches Arbeiten als ein spezifischer Zugriff auf Wirklichkeit erlebt und begriffen werden kann. Wissenschaft soll auch als soziale Praxis erfahrbar werden, die auf spezifische Weise eine Verständigung über unterschiedliche Positionen und Sichtweisen hinweg ermöglicht. Dazu ist Kommunikations- und Kooperationsbereitschaft erforderlich. Voraussetzung für wissenschaftspropädeutisches Arbeiten sind Verhaltensweisen wie Konzentrationsfähigkeit, Geduld und Ausdauer, das Aushalten von Frustrationen, die Offenheit für andere Sichtweisen und Zuverlässigkeit.

1.3.2 Persönliche Entfaltung und soziale Verantwortlichkeit

Persönliche Entfaltung und soziale Verantwortlichkeit bestimmen den Erziehungsauftrag der gymnasialen Oberstufe. Erziehung findet in erster Linie im Unterricht statt; das Schulleben insgesamt muss aber ebenso Ansatzpunkte bieten, um den Erziehungsprozess zu fördern und die Schülerinnen und Schüler in die Arbeit und die Entscheidungsprozesse der Schule einzubeziehen.

Die Schülerinnen und Schüler sollen ihre individuellen Fähigkeiten weiter entfalten und nutzen.

Schülerinnen und Schüler sollen sich ihrer Möglichkeiten und Grenzen bewusst werden. Dieser Prozess wird dadurch unterstützt, dass durch ein Spektrum unterschiedlicher Angebote und Wahlmöglichkeiten, Anforderungen und Aufgabenstellungen sowie durch Methoden, die die Selbstständigkeit fördern, Schülerinnen und Schülern die Möglichkeit gegeben wird, ihre Fähigkeiten zu entdecken, zu erproben und ihre Urteils- und Handlungsfähigkeit zu entwickeln. Hierbei soll auch den Grundsätzen einer reflexiven Koedukation Rechnung getragen werden, die die unterschiedlichen Erfahrungen, Verhaltensweisen und Einstellungen von Jungen und Mädchen berücksichtigen.

Die Schülerinnen und Schüler sollen sich mit Werten, Wertsystemen und Orientierungsmustern auseinander setzen können, um tragfähige Antworten auf die Fragen nach dem Sinn des eigenen Lebens zu finden.

Die in Grundgesetz und Landesverfassung festgeschriebene Verpflichtung zur Achtung der Würde eines jeden Menschen, die darin zum Ausdruck kommenden allgemeinen Grund- und Menschenrechte sowie die Prinzipien des demokratisch und sozial verfassten Rechtsstaates bilden die Grundlage des Erziehungsauftrages der Schule. Die Schule muss den Schülerinnen und Schülern Gelegenheit geben, sich mit den Grundwerten des Gemeinwesens auseinander zu setzen und auf dieser Grundlage ihre Wertpositionen zu entwickeln.

Die Auseinandersetzung mit existentiellen Fragen, mit der eigenen Religion und mit anderen Religionen und religiösen Erfahrungen und Orientierungen, ihrer jeweiligen Wirkungsgeschichte und der von ihnen mitgeprägten gesellschaftlichen Wirklichkeit, sollen auch dazu beitragen, Antworten auf die Fragen nach dem Sinn der eigenen Existenz zu finden.

Die Schülerinnen und Schüler sollen ihre sozialen Kompetenzen entwickeln und in der aktiven Mitwirkung am Leben in einem demokratisch verfassten Gemeinwesen unterstützt werden.

Die Schülerinnen und Schüler müssen ihre Bereitschaft und Fähigkeit weiterentwickeln können, sich mit anderen zu verständigen und mit ihnen zu kooperieren. Dies ist sowohl für das Leben in der Schule als auch in einer demokratischen Gesellschaft und in der Staaten- und Völkergemeinschaft von Bedeutung. Es geht um eine kritische und konstruktive Auseinandersetzung mit gesellschaftlich und politisch begründeten, religiösen und kulturell gebundenen, ökonomisch geprägten und ökologisch orientierten Einstellungen und Verhaltensweisen sowie um die Entwicklung von Toleranz, Solidarität und interkultureller Akzeptanz.

Dabei ist auch ein Verhalten zu fördern, das auf Gleichberechtigung und Chancengleichheit von Frau und Mann und auf die Veränderung überkommener geschlechtsspezifischer Rollen zielt.

Der Unterricht thematisiert hierzu Geschichte und Struktur unserer Gesellschaft, ihre grundlegenden Werte und Normen, ihre sozialen, ökonomischen und ökologischen Probleme. Er vermittelt Einblicke in politische Entscheidungsprozesse und leitet dazu an, Entscheidungs- und Einflussmöglichkeiten wahrzunehmen.

Die Schülerinnen und Schüler sollen auf ein Leben in einem zusammenwachsenden Europa und in einer international verflochtenen Welt vorbereitet werden.

Die Welt, in der die Schülerinnen und Schüler leben werden, ist in hohem Maße durch politische, wirtschaftliche und soziale Verflechtungen bestimmt. Ein Leben in dieser Welt erfordert Kenntnisse und Einblicke in die historischen, politischen, sozialen und ökonomischen Zusammenhänge. Es benötigt Verständnis für die eigene Kultur und für andere Kulturen, für interkulturelle Zusammenhänge, setzt Fremdsprachenkompetenz, Medienkompetenz, Erfahrungen im Ausland und die Bereitschaft, in einer internationalen Friedensordnung zu leben, voraus.

Die Schülerinnen und Schüler sollen bei ihrer Studien- und Berufswahl unterstützt werden.

Die gymnasiale Oberstufe soll Qualifikationen fördern, die sowohl für den Erwerb der allgemeinen Hochschulreife als auch für die Studien- und Berufswahl von Bedeutung sind, wie beispielsweise die folgenden Fähigkeiten: Ein breites Verständnis für sozial-kulturelle, ökonomische, ökologische, politische, naturwissenschaftliche und technische Zusammenhänge; die Fähigkeit, die modernen Informations- und Kommunikationstechnologien nutzen zu können; ein Denken in übergreifenden, komplexen Strukturen; die Fähigkeit, Wissen in unterschiedlichen Kontexten anzuwenden; die Fähigkeit zur Selbststeuerung des Lernens und der Informationsbeschaffung; Kommunikations- und Teamfähigkeit, Entscheidungsfähigkeit.

In der gymnasialen Oberstufe muss darüber hinaus eine Auseinandersetzung mit der gesellschaftlichen Bedeutung der Arbeit, eine Orientierung über Berufsfelder und mögliche neue Berufe, die systematische Information über Strukturen und Entwicklungsgesetzmäßigkeiten des Arbeitsmarktes ermöglicht werden. Dies kann durch Angebote von Betriebspraktika sowie Betriebserkundungen und -besichtigungen, durch studienkundliche Veranstaltungen und die Einrichtung von Fachpraxiskursen geschehen. Dabei arbeiten die Schulen mit den Hochschulen, den Arbeitsämtern und freien Trägern aus Wirtschaft und Gesellschaft zusammen.

2   Rahmenbedingungen

Voraussetzung für die Verwirklichung des oben dargestellten Auftrags ist zunächst die Organisationsstruktur der gymnasialen Oberstufe. Deren Merkmale sind:

- die prinzipielle Gleichwertigkeit der Fächer,
- die Gliederung des Kurssystems in Grund- und Leistungskurse,
- die Zuordnung der Fächer (außer Religionslehre und Sport) zu Aufgabenfeldern,
- die Festlegung von Pflicht-, Wahlpflicht- und Wahlfächern.

2.1   Gleichwertigkeit der Fächer

Gleichwertigkeit der Fächer bedeutet nicht, dass die Fächer gleichartig sind. Die prinzipielle Gleichwertigkeit der Fächer ist darin begründet, dass jedes Fach Gleiches oder Ähnliches sowohl zum wissenschaftspropädeutischen Lernen als auch zur persönlichen Entfaltung in sozialer Verantwortlichkeit beitragen kann.

2.2   Kursarten

In der Jahrgangsstufe 11 ist der Unterricht in Grundkursen organisiert, in den Jahrgangsstufen 12 und 13 wird das System der Grund- und Leistungskurse entfaltet.

Die *Grundkurse* repräsentieren das Lernniveau der gymnasialen Oberstufe unter dem Aspekt einer grundlegenden wissenschaftspropädeutischen Ausbildung.

Die *Leistungskurse* repräsentieren das Lernniveau der gymnasialen Oberstufe unter dem Aspekt einer exemplarisch vertieften wissenschaftspropädeutischen Ausbildung. Eine differenzierte Unterscheidung zwischen Grund- und Leistungskursen findet sich in den Lehrplänen.

Nicht die Stoffhäufung ist das Ziel der Leistungskurse, vielmehr muss auf der Grundlage gesicherter Kenntnisse das methodische Lernen im Vordergrund stehen.

2.3 Aufgabenfelder

Aufgabenfelder bündeln und steuern das Unterrichtsangebot der gymnasialen Oberstufe.

Die Unterscheidung der folgenden drei *Aufgabenfelder* ist das Ergebnis bildungstheoretischer, didaktischer und pragmatischer Überlegungen. Die Aufgabenfelder werden bezeichnet als

- das sprachlich-literarisch-künstlerische Aufgabenfeld
- das gesellschaftswissenschaftliche Aufgabenfeld
- das mathematisch-naturwissenschaftlich-technische Aufgabenfeld.

Die eher theoretischen Begründungen orientieren sich an den Bemühungen, bildungstheoretisch relevante Sach- und Problembereiche und wissenschaftstheoretische Schwerpunktsetzungen zu unterscheiden sowie bildungsgeschichtliche Traditionen aufzugreifen und modifiziert fortzuführen.

Die Aufgabenfelder sind durch folgende Gegenstandsbestimmungen gekennzeichnet:

- Gegenstand der Fächer im **sprachlich-literarisch-künstlerischen Aufgabenfeld (I)** sind sprachliche, musikalische und bildnerische Gestaltungen (als Darstellung, Deutung, Kritik, Entwurf etc.), in denen Wirklichkeit als konstruierte und vermittelte Wirklichkeit erscheint, sowie die Verfahrens- und Erkenntnisweisen, die der Auseinandersetzung mit diesen Gestaltungen dienen.

- Hier geht es darum, Mittel und Möglichkeiten der Kommunikation zu thematisieren und zu problematisieren in einer Welt, die wesentlich durch Vermittlungssysteme und Medien geprägt und gesteuert wird. In den im Aufgabenfeld I zusammengefassten Fächern spielen eigenständige Produktion und Gestaltung im Sinne kultureller Teilhabe eine wichtige Rolle.

- Den Fächern im **gesellschaftswissenschaftlichen Aufgabenfeld (II)** kommt in besonderer Weise die Aufgabe der politischen Bildung zu, die in Artikel 11 der Landesverfassung von Nordrhein-Westfalen festgelegt ist. Diese Fächer befassen sich mit Fragen nach den Möglichkeiten und Grenzen menschlichen Denkens und Handelns insbesondere im Blick auf ihre jeweiligen individuellen, gesellschaftlichen, zeit- und raumbezogenen Voraussetzungen, Bedingungen und Auswirkungen sowie mit den Verfahrens- und Erkenntnisweisen, die der Klärung dieser Fragen dienen.

- Gegenstand der Fächer im **mathematisch-naturwissenschaftlich-technischen Aufgabenfeld (III)** sind die empirisch erfassbare, die in formalen Strukturen beschreibbare und die durch Technik gestaltbare Wirklichkeit sowie die Verfahrens- und Erkenntnisweisen, die ihrer Erschließung und Gestaltung dienen.

- Außerhalb dieser Aufgabenfelder stehen die Fächer **Sport** und **Religionslehre.**

  Das Fach **Sport** trägt, ausgehend von der körperlich-sinnlichen Dimension des Menschen, zu einer ganzheitlichen Bildung und Erziehung bei. Auf der Basis unmittelbar erlebter sportlicher Handlungssituationen soll der Sportunterricht zur aktiven Teilhabe an der Bewegungs-, Spiel- und Sportkultur und zur kritischen Auseinandersetzung mit ihr befähigen.

In **Religionslehre** geht es um Lernerfahrungen, die auf der Basis des christlichen Glaubens oder anderer tradierter bzw. heute wirksamer Religionen und Weltanschauungen Erkenntnis-, Urteils- und Handlungsmöglichkeiten eröffnen und Einsichten in Sinn- und Wertfragen des Lebens in Dialog und Auseinandersetzung mit anderen Religionen und Weltanschauungen fördern.

Die Aufgabenfelder können die Abstimmungen und Kooperation in der Schule erleichtern, wenn es darum geht,

- wie Fachlehrpläne zu gestalten sind, damit sie als exemplarisch für das jeweilige Aufgabenfeld begriffen werden können
- wie die Lehrpläne der Fächer innerhalb eines Aufgabenfeldes für thematische Entwicklungen offen gehalten werden können
- wie im Aufgabenfeld und über das Aufgabenfeld hinaus fachübergreifend und fächerverbindend konzipierter Unterricht entwickelt und erprobt werden kann.

Die drei Aufgabenfelder sind ein Steuerungsinstrument, weil mit Hilfe einer Zusammenfassung verschiedener Unterrichtsfächer zu Fächergruppen Wahlfachregelungen getroffen werden können, die einer zu einseitigen Fächerwahl entgegenwirken. Jedes der drei Aufgabenfelder muss von den Schülerinnen und Schülern durchgehend bis zur Abiturprüfung belegt werden. Keines ist austauschbar.

2.4 Fachspezifische Bindungen

Neben den Festlegungen der Wahlmöglichkeiten in den Aufgabenfeldern gibt es fachspezifische Belegverpflichtungen, die jeweils einen bestimmten Lernzusammenhang konstituieren:

- Deutsch, eine Fremdsprache, ein künstlerisches Fach, ein gesellschaftswissenschaftliches Fach, in jedem Fall zwei Kurse in Geschichte und in Sozialwissenschaften, Mathematik, eine Naturwissenschaft
- sowie Religionslehre und Sport.

Schülerinnen und Schüler, die vom Religionsunterricht befreit sind, müssen Philosophie belegen.

3 Prinzipien des Lernens und Lehrens in der gymnasialen Oberstufe

3.1 Fachspezifisches Lernen

Der Unterricht in der gymnasialen Oberstufe ist in erster Linie durch den Fachbezug geprägt. Indem in der fachgebundenen Ausbildung Fachwissen, fachliche Theorien und Methoden vermittelt werden, ermöglichen die Schulfächer eine strukturierte Sicht auf komplexe Phänomene der Wirklichkeit. Sie eröffnen so einen je spezifischen Zugang zur Welt. Fachliches Lernen soll geordnetes, systematisches

Lernen fördern. In wissenschaftspropädeutischer Hinsicht verknüpft sich im fachlichen Lernen gegenständliches Wissen mit ausgewählten Theorien und Methoden der Referenzdisziplinen sowie mit Grundaussagen der Wissenschaftstheorie und Methodologie.

3.2 Fachübergreifendes und fächerverbindendes Lernen

So wichtig es ist, durch systematische fachliche Arbeit fachliche Kompetenzen zu fördern, so bedeutsam ist es, die Fachperspektive zu überschreiten. Durch fachübergreifendes und fächerverbindendes Lernen wird eine mehrperspektivische Betrachtung der Wirklichkeit gefördert, und es werden damit auch übergreifende Einsichten, Fähigkeiten, Arbeitsmethoden und Lernstrategien entwickelt, die unterschiedliche fachliche Perspektiven für gemeinsame Klärungen und Problemlösungsstrategien verbinden und so zur Kenntnis der komplexen und interdependenten Probleme der Gegenwart beitragen. Deshalb gehört das Überschreiten der Fächergrenzen, das Einüben in die Verständigung über Differenzen und über Differenzen hinweg neben dem Fachunterricht zu den tragenden Prinzipien der gymnasialen Oberstufe.

Wissenschaftspropädeutisches Lernen erfordert beides: das fachliche Arbeiten, seine Reflexion und das Denken und Handeln in fachübergreifenden Zusammenhängen.

3.3 Gestaltungsprinzipien des Unterrichts

Lernen ist ein individueller, aktiver und konstruktiver Aufbau von Wissen, der maßgeblich durch das verfügbare Vorwissen und den entsprechenden Verständnishorizont beeinflusst wird. Lernen heißt auch: Fähigkeiten und Fertigkeiten, Neigungen und Interessen, Einstellungen und Werthaltungen zu entwickeln. Umfang, Organisation, langfristige Verfügbarkeit machen die Qualität des Wissensbestandes aus. Lehrkräfte, Schülerinnen und Schüler tragen für den Aufbau eines solchen Wissens eine gemeinsame Verantwortung. Eine aufgabenorientierte Strukturierung des Unterrichts durch die Lehrkräfte ist genau so wichtig wie das Schaffen offener Lern- und Arbeitssituationen. Dabei ist zu bedenken, dass übermäßige Engführung eines Frontalunterrichts den sachbezogenen Handlungsspielraum der Schülerinnen und Schüler ebenso einengt, wie völlig offener Unterricht mit einer Fiktion vom "autonomen Lernen" überfordert.

Der Unterricht soll folgenden Prinzipien folgen:

- Er soll **fachliche Grundlagen vermitteln**, die Lerninhalte in sinnvolle Kontexte einbinden, ihre Verfügbarkeit und eine anspruchsvolle Lernprogression sichern.

- Der Unterricht soll **schülerorientiert** sein. Die Lernenden müssen ihre eigenen Fragestellungen und Probleme ernst genommen finden. Sie müssen die Möglichkeit haben, an ihren individuellen Erfahrungs- und Lernstand anzuschließen und ihre eigenen Lernwege zu entwickeln. Dies gilt besonders für die unterschiedlichen Ausgangsdispositionen von Jungen und Mädchen. Die individuellen Dispositionen und Leistungsmöglichkeiten sollen so genutzt werden, dass die Lernprozesse für die Einzelnen und die Gruppe möglichst erfolgreich verlaufen können.

- Lernprozesse sollen sich am **Leitbild aktiven und selbstständigen Arbeitens** orientieren. Wenn Lernende sich aktiv mit den Lerngegenständen auseinander setzen, werden ihr Wissenserwerb und ihre Methodenkompetenz gefestigt und erweitert. Das heißt für den Unterricht, Aufgaben zu stellen, die die Schülerinnen und Schüler vor die Notwendigkeit stellen, auf erworbenes Vorwissen und Können Bezug zu nehmen. Sie müssen Inhalte und Methoden wiederholen, im neuen Zusammenhang anwenden und ihre Lernprozesse reflektieren können, um fachliche und überfachliche Lernstrategien langfristig aufzubauen. In der methodologischen Reflexion werden Lernen und Erkenntniserwerb selbst zum Lerngegenstand.

- Lernprozesse sollen Gelegenheit für **kooperative Arbeitsformen** geben. Je mehr die Notwendigkeit besteht, eigene Lernerfahrungen und -ergebnisse mit den Problemlösungen anderer zu vergleichen, zu erörtern, sie dabei zu überprüfen und zu verbessern, desto nachhaltiger ist das Lernen.

- Teamfähigkeit herauszubilden heißt für den Unterricht, arbeitsteilige und kooperative Arbeitsformen zu initiieren und dabei zu einer Verständigung über die Zusammenarbeit und die Methoden zu kommen, Arbeitsergebnisse abgestimmt zu präsentieren und gemeinsam zu verantworten.

- Lernprozesse sollen durch **komplexe Aufgabenstellungen** geleitet werden. Solche Aufgaben bedingen multiperspektivische und mehrdimensionale Sichtweisen, sie tragen zur Methodenreflexion bei und erfordern die Erstellung von Produkten, die individuelle oder gemeinsame Lernergebnisse repräsentieren und einer Selbst- und Fremdbewertung unterzogen werden. Referate, Facharbeiten, Ausstellungen, Aufführungen etc. können herausragende Ergebnisse solcher Aufgabenstellungen sein.

- Der Unterricht soll auf **Anwendung und Transfer** der zu erwerbenden Fähigkeiten und Kenntnisse zielen. Transfer ist zu erwarten, wenn die Lerngegenstände mit vielfältigen Anwendungsmöglichkeiten und authentischen Handlungssituationen verbunden sowie unabhängig von bekannten Kontexten beherrscht werden. Das heißt für den Unterricht, solche Probleme und Fragestellungen zum Gegenstand zu machen, die Zugriffe aus unterschiedlichen fachlichen Perspektiven erfordern. Die jeweiligen Sichtweisen können relativiert und in Bezug auf ihren spezifischen Beitrag zur Problemlösung beurteilt werden. So werden Möglichkeiten und Grenzen der Übertragbarkeit von Erkenntnissen und Verfahren deutlich. Anwendung und Transfer werden auch in Projekten und in Vorhaben zur Gestaltung und Öffnung von Schule und in Zusammenarbeit mit außerschulischen Partnern gefördert.

- Der Unterricht darf nicht ausschließlich linear erfolgen, sondern muss die **Vernetzung** eines Problems innerhalb des Faches, aber auch über das Fach hinaus sichtbar machen. Es wird darauf ankommen, Formen der Organisation von Lernsituationen, die sich an fachlicher Systematik orientieren, durch solche Arrangements zu ergänzen, die dialogisches und problembezogenes Lernen ermöglichen. Insbesondere sollen die Schülerinnen und Schüler in diesem

Zusammenhang mit Themen und Arbeitsmethoden des fachübergreifenden und fächerverbindenden Arbeitens vertraut gemacht werden.

4 Aufbau und Gliederung der gymnasialen Oberstufe

Der Bildungsgang in der gymnasialen Oberstufe gliedert sich in die Einführungsphase (Jahrgangsstufe 11) und die Qualifikationsphase (Jahrgangsstufen 12 und 13). Er schließt mit der Abiturprüfung ab, die am Ende des 2. Halbjahres der Jahrgangsstufe 13 stattfindet.

Um die allgemeine Hochschulreife und die Studierfähigkeit zu gewährleisten, ist es wichtig, das fachliche Lernen, das fachübergreifende und fächerverbindende Arbeiten, die Beherrschung wissenschaftspropädeutischer Arbeitsformen und eine Studien- und Berufswahlvorbereitung für jeden individuellen Bildungsgang sicherzustellen[2].

Der Unterricht in der gymnasialen Oberstufe folgt von der Jahrgangsstufe 11 bis zur Jahrgangsstufe 13 einem aufbauenden Sequenzprinzip, das den Lernzuwachs sichert.

Die Einführungsphase (Jahrgangsstufe 11)

Die Jahrgangsstufe 11 ist als eine Einheit konzipiert, die aus aufeinander aufbauenden Grundkursen besteht. Die Leistungskurse beginnen mit der Jahrgangsstufe 12. Der Unterricht folgt dem Prinzip der fachlichen Progression, die die Jahrgangsstufen 11 bis 13 umfasst.

Das zentrale Ziel der Einführungsphase ist es, die Schülerinnen und Schüler systematisch mit inhaltlichen und methodischen Grundlagen der von ihnen belegten Fächer vertraut zu machen, sie auf die Wahl der Leistungskurse zu Beginn der Jahrgangsstufe 12 vorzubereiten und zu den ausgeprägteren Formen wissenschaftspropädeutischen Arbeitens hinzuführen. Für Schülerinnen und Schüler aus anderen Schulformen bieten die Schulen fachliche Angleichungsmaßnahmen an.

Schulen, die Fächerkoppelungen anstreben, legen diese vor Beginn der Jahrgangsstufe 11 fest, damit die Schülerinnen und Schüler die sich daraus ergebenden Möglichkeiten und Bindungen in die Planung ihres individuellen Bildungsganges einbeziehen können.

Die Qualifikationsphase (Jahrgangsstufen 12 und 13)

Mit Beginn der Qualifikationsphase wird das Kurssystem in Grund- und Leistungskurse entfaltet. Die in der Qualifikationsphase erbrachten Leistungen gehen in die Gesamtqualifikation ein, die die in den Jahrgangsstufen 12 und 13 erbrachten Leistungen zusammenfasst.

---

[2] vgl. hierzu die Schrift "Studien- und Berufswahlvorbereitung am Gymnasium", hg. vom Landesinstitut für Schule und Weiterbildung, Soest und vom Landesarbeitsamt Nordrhein-Westfalen, Bönen 1995. Hierin sind auch Konzepte zur Studien- und Berufswahlvorbereitung in der gymnasialen Oberstufe enthalten.

Es ist das Ziel der Qualifikationsphase, fachliches, methodisches und fachübergreifendes Lernen so zu ermöglichen und abzusichern, dass Studierfähigkeit erbracht wird.

Zur Intensivierung des selbstständigen Arbeitens soll jede Schülerin und jeder Schüler in der Jahrgangsstufe 12 anstelle einer Klausur eine Facharbeit schreiben.

Fachübergreifende Einsichten können innerhalb der einzelnen Fächer vermittelt werden. Darüber hinaus werden an der Schule Veranstaltungen angeboten, in denen geplant fachübergreifend und fächerverbindend, z. B. an Projekttagen in Projektphasen oder einer Projektveranstaltung gearbeitet wird.

Alle Schülerinnen und Schüler sollen in der gymnasialen Oberstufe an einer umfassenderen Projektveranstaltung teilnehmen, die im Fachunterricht vorbereitet worden ist. Eine solche Veranstaltung wird in der Regel jahrgangsbezogen angeboten.

Die Schülerinnen und Schüler können im Rahmen der für die Abiturprüfung vorgesehenen Gesamtpunktzahl wahlweise mit maximal 60 Punkten eine besondere Lernleistung in der Abiturprüfung sich anrechnen lassen, die im Rahmen oder Umfang eines mindestens zwei Halbjahre umfassenden Kurses erbracht wird. Hierbei kann es sich zum Beispiel um die Arbeit aus einem Wettbewerb handeln, aber auch um eine umfassende Jahresarbeit (z. B. in einer weiteren Fremdsprache, in Informatik, Technik oder einer weiteren Naturwissenschaft) oder um eine Arbeit über ein umfassendes Projekt.

5 Schulprogramm

Schulprogrammarbeit und das Schulprogramm dienen der Schulentwicklung und damit der Entwicklung und Sicherung der Qualität schulischer Arbeit.

Ein Schulprogramm ist das grundlegende Konzept, das über die pädagogischen Zielvorstellungen und die Entwicklungsplanung einer Schule Auskunft gibt.

- Es konkretisiert die verbindlichen Vorgaben der Ausbildungsordnungen, Richtlinien und Lehrpläne im Hinblick auf die spezifischen Bedingungen der einzelnen Schule.
- Es bestimmt die Ziele und Handlungskonzepte für die Weiterentwicklung der schulischen Arbeit.
- Es legt die Formen und Verfahren der Überprüfung der schulischen Arbeit insbesondere hinsichtlich ihrer Ergebnisse fest.

Typische Elemente eines Schulprogramms sind:

(1) Beschreibung der schulischen Arbeit als Ergebnis einer Bestandsaufnahme, Skizze der bisherigen Entwicklungsarbeit

(2) Leitbild einer Schule, pädagogische Grundorientierung, Erziehungskonsens

(3) schulinterne Konzepte und Beschlüsse für schulische Arbeitsfelder

- *Schulinterne Lehrpläne*
  Hier geht es um Aussagen zur Abstimmung von schuleigenen Lehrplänen, von obligatorischen Inhalten und Unterrichtsmethoden, die bei der Unterrichtsplanung Berücksichtigung finden sollen.

- *Konzepte für fachübergreifendes und fächerverbindendes Lernen*
  Hierunter sind die fachübergreifenden Projekte, Veranstaltungen, Querschnittsaufgaben zu verstehen, die von den Schülerinnen und Schülern im Rahmen ihres Bildungsganges erfüllt werden können oder erfüllt werden sollen. Gemeint sind aber auch Fächerkoppelungen.

- *Konzepte zum Bereich „Lernen des Lernens"*
  Hier sind Aussagen zur Vermittlung von Lern- und Arbeitstechniken zu machen, die für die Aufnahme eines Studiums oder einer beruflichen Ausbildung außerhalb der Hochschule erforderlich sind und die im Rahmen des Schulprogramms besonders vertieft werden.

  Entsprechende schülerorientierte Unterrichtsformen wie wissenschaftspropädeutische Arbeits- und Darstellungsformen sind sicherzustellen, damit die Schülerinnen und Schüler die geforderten Methoden, Einstellungen, Verhaltensweisen und Arbeitshaltungen erwerben können.

- *Vereinbarungen zur Leistungsbewertung*
  Hierbei geht es um die systematische Einführung der in den Lehrplänen vorgesehenen Formen der Leistungsbewertung, um gemeinsame Bewertungskriterien und Korrekturverfahren. Es geht ebenso um Vereinbarungen zu Parallelarbeiten und die Verwendung von Aufgabenbeispielen.

- *Konzepte für die Erziehungs- und Beratungsarbeit in der gymnasialen Oberstufe*
  Hier sind zum Beispiel die Gestaltung des Übergangs in die gymnasiale Oberstufe und die Studien- und Berufswahlvorbereitung zu nennen.

- *Konzepte für das Schulleben*
  Dazu gehören zum Beispiel Schwerpunktsetzungen im Bereich der Umwelterziehung, der interkulturellen Arbeit, Akzente zur Öffnung der Schule, zusätzliche Angebote im Chor, Orchester, Theater, außerunterrichtlicher Schulsport, Studienfahrten und ihre Verflechtung mit dem Unterricht, Schulgottesdienste und religiöse Freizeiten.

- *Aussagen zu besonderen Ausprägungen des Bildungsgangs*
  Hierzu zählen zum Beispiel die Sprachenfolgen, bilinguale Angebote, naturwissenschaftliche, technische, sportliche, künstlerische oder gesellschaftliche Schwerpunkte der Profile, die Einbeziehung von Wettbewerben, das Angebot besonderer Lernleistungen in die Abiturprüfung einzubringen o. ä..

(4) Schulinterne Arbeitsstrukturen und -verfahren
(Geschäftsverteilungsplan, Konferenzarbeit)

(5) Mittelfristige Ziele für die schulische Arbeit

(6) Arbeitsplan für das jeweilige Schuljahr

(7) Fortbildungsplanung

(8) Planung zur Evaluation

Hier geht es um Aussagen zu Verfahren der Entwicklung und Evaluation des Schulprogramms, die sicherstellen, dass die Schule sich selbst auch Rechenschaft über die Ergebnisse ihrer Unterrichts- und Erziehungsarbeit gibt.

Bestandteile der Evaluation sind Aussagen und Verfahren zur Sicherung der Standards und zur Vergleichbarkeit der Anforderungen in den Schulen.

Schulprogramme spiegeln die Besonderheit einer Schule und zugleich auch ihre Entwicklungsprozesse wider. Sie können und werden daher unterschiedlich aussehen. Unverzichtbar sind jedoch die Programmpunkte, die sich auf den Unterricht und die Erziehungsarbeit der Schule beziehen.

Lehrplan Philosophie

Inhalt

1   Aufgaben und Ziele des Faches

Philosophieunterricht ist dem Geist der Aufklärung und der Vernunftkultur verpflichtet. Er trägt in diesem Rahmen bei zur Bildung und Erziehung der Jugendlichen mit dem Ziel, die Schülerinnen und Schüler zur allgemeinen Hochschulreife zu führen.

Zwar ist das Fach Philosophie curricular in das gesellschaftswissenschaftliche Aufgabenfeld eingebunden, aufgrund der Weite des philosophischen Frage- und Denkhorizonts überschreitet es jedoch die Grenzen eines einzelnen Aufgabenfeldes. Es steht ebenso in einer inhaltlichen wie auch methodischen Beziehung zu den Fächern des sprachlich-literarisch-künstlerischen und des mathematisch-naturwissenschaftlich-technischen Aufgabenfeldes.

Die Bezugsdisziplin des Philosophieunterrichts ist die Philosophie. Diese fragt nach den Prinzipien des Denkens, des Handelns und des Seienden. Dabei überprüft sie den Geltungsanspruch von Wahrheitsbehauptungen, von wissenschaftlichen und kulturellen Systemen ebenso wie von politischen und rechtlichen Ordnungen, sie untersucht die Grundsätze der Moral, die Regeln des logischen Denkens und die Grundlagen ästhetischer Wirklichkeitsentwürfe und Verfahrensweisen.

Der Philosophieunterricht thematisiert entsprechend die Grundlagen des menschlichen Wissens und Denkens, die Normen und Werte des Handelns und die Bedingungen der Wirklichkeit in ihren kulturellen, gesellschaftlichen, ökonomischen, geschichtlichen und politischen Erscheinungen. Der Philosophieunterricht entspricht damit dem menschlichen Grundbedürfnis nach der diskursiv-argumentativen Beantwortung von Fragen, die aus dem Zweifel am Selbstverständlichen erwachsen.

1.1   Didaktische Konzeption und fachliche Anforderungen

Erziehungsziel des Philosophieunterrichts ist eine vertiefte Allgemeinbildung, die die Grundlage der Studierfähigkeit und der Berufsausübung ist. Deshalb werden im Sinne der Wissenschaftspropädeutik Kenntnisse, Fähigkeiten, Fertigkeiten und Einstellungen vermittelt, die dazu beitragen, sich sachlich fundiert, methodisch kontrolliert, vernunftgeleitet, diskursiv und argumentativ mit der Wirklichkeit und deren Modellen, mit anderen Menschen und ihren unterschiedlichen Positionen auseinander zu setzen.

Wissen, Können und Verhalten müssen gleichermaßen geschult werden, um selbstständige Persönlichkeiten zu bilden, die Sachkompetenz, Sozialkompetenz und humane Kompetenz in sich vereinigen und so die entscheidenden Voraussetzungen erfüllen, um in einem zusammenwachsenden Europa und einer international verflochtenen Welt am freiheitlichen, demokratischen Rechtsstaat verantwortlich mitwirken zu können.

Die angestrebte vertiefte Allgemeinbildung ist ohne eine wissenschaftspropädeutische Ausbildung nicht möglich. Sie umfasst ein jederzeit verfügbares Wissen um die wesentlichen Inhalte, Problemstellungen und -lösungen, Positionen und Methoden der Philosophie und eröffnet die Möglichkeit, fachspezifische Kenntnisse in fachübergreifenden, interdisziplinären Zusammenhängen fruchtbar zu machen.

Damit sind unterschiedliche Kompetenzen angesprochen, die im Philosophieunterricht gefördert werden.

Grundlagendenken

Als Grundlagendenken ist die Philosophie keine Wissenschaft, die universitären Einzeldisziplinen zugeordnet oder in ihrem Gegenstandsbereich begrenzt werden könnte, vielmehr kann prinzipiell alles zum Gegenstand philosophischen Nachdenkens werden. Gleichwohl haben sich in der langen Geschichte der Philosophie einzelne Disziplinen und Richtungen herausgebildet, die zum festen Bestand der Philosophie gehören, wobei im Groben zwischen theoretischer und praktischer Philosophie und Ästhetik unterschieden werden kann. Zugleich haben sich philosophische Schulen und spezifische Methoden der Philosophie herausgebildet.

Bezugsdisziplin des Philosophieunterrichts ist die Philosophie mit dem an der Universität gelehrten Spektrum an Autoren, Positionen und Problemen. Die universitäre Philosophie ist in ihrer historischen Entwicklung und in ihrer breiten Ausfächerung die Basis des Philosophieunterrichts in der gymnasialen Oberstufe. Dabei ist die Entwicklung der Philosophie in rund zweieinhalbtausend Jahren als Entfaltung unterschiedlicher und sich auch widersprechender Richtungen zu verstehen als Problem-, Positions- und Argumentationsgeschichte. Die Kenntnisnahme der philosophischen Tradition ist insofern nicht historisch motiviert, sondern systematisch: Sie verhindert den Rückfall der Argumentation hinter schon erreichte Positionen und schult zugleich die Fähigkeit des prinzipiengeleiteten, argumentativen Denkens.

Seit Platon und Aristoteles gilt, dass die Philosophie mit dem Fraglichwerden von Selbstverständlichem beginnt. Mit dem „$\theta\alpha\upsilon\mu\acute{\alpha}\zeta\epsilon\iota\nu$" (dem „Staunen") beginnt die Selbsttätigkeit des Denkens. Ein solcher Denkvollzug ist für die Selbstfindung unerlässlich. Damit ist philosophisches Denken prinzipiell auch immer Selbstdenken. Als Selbstdenken ist es argumentativ und überschreitet deshalb die bloße Meinung. Dazu muss es diskursiv und in sich möglichst widerspruchsfrei sein.

Die pure Selbsttätigkeit des Denkens jedoch führt weder zur Selbstständigkeit noch zur Philosophie. Um tatsächlich selbstständig zu werden, muss das Denken geschult sein an den „gewissen vorhandenen Versuchen" der Philosophie (Kant). Deren Kenntnisnahme im Sinne eines bloß historischen Wissens reicht aber ebenfalls nicht aus, vielmehr ist die Kenntnis der philosophischen Tradition nicht mehr, aber auch nicht weniger als die Voraussetzung einer rationalen Erkenntnis aus Prinzipien. Damit wird die Philosophiegeschichte zum Übungsplatz philosophischer Erkenntnis. Die Aneignung von und die Auseinandersetzung mit der Philosophie ist insofern Denkschulung, sowohl in ihrer historisch-inhaltlichen Bedeutung als auch im systematisch-methodischen Sinne.

6

Die Fragen der Philosophie zielen einerseits auf Objekterkenntnis, andererseits auf den Erkenntnisakt und damit auf das erkennende Subjekt selbst. Insofern kontrolliert sich philosophisches Denken stets methodisch selbst. Diese Doppelung schafft die notwendige Distanz sowohl zum Erkenntnisgegenstand als auch zur eigenen Subjektivität.

Die philosophische Reflexion vollzieht den Schritt vom Denken auf der Objektebene zum Denken auf der Metaebene und übersteigt dadurch den Gesamtbereich des empirisch Seienden. Bei diesem Gründungsregress trifft sie auf Prinzipien der Erkenntnis und des Seienden, aus welchen das Seiende erklärt werden kann und die kulturell-gesellschaftliche Wirklichkeit ggf. weiterentwickelt werden soll. Damit versteht sich Philosophie als Grundlagendenken des Seienden, des Erkennens und des Sollens.

Aus diesem grundsätzlichen Frage- und Denkansatz heraus erwächst der universalistische Anspruch der Philosophie: nämlich das Seiende und den Menschen schlechthin zu betreffen.

Vernunftkultur

Es kann nicht das Ziel des Philosophieunterrichts sein, professionelle Philosophen auszubilden, auch geht es nicht im engeren Sinne um eine Vorbereitung auf das Studium der Philosophie, sondern darum, die Schülerinnen und Schüler vertraut zu machen mit den überkommenen Positionen, Problemstellungen, Problemlösungen und Methoden der Philosophie sowie mit den Verfahren, sich philosophische Texte aus eigener Kraft zu erschließen. Auf diesem Wege sollen die Lernenden Freude an der Begegnung mit der philosophischen Tradition entwickeln und zur argumentativen Auseinandersetzung mit ihr befähigt werden.

Dadurch erlangen die Schülerinnen und Schüler Klarheit über die individual-, sozial- und kulturgeschichtlich wirksamen weltanschaulichen, wissenschaftlichen und religiösen Grundlagen von Deutungs- und Orientierungssystemen, von politischen und rechtlichen Ordnungen, denn die Philosophie erhebt den Anspruch, Prinzipien des Seienden, des Denkens und des Handelns argumentativ zu entwickeln und Sinnentwürfe menschlicher Existenz zu begründen.

Mit dem Nachdenken über kulturinvariante Grundfragen der menschlichen Existenz reflektiert der Philosophieunterricht zugleich auch die Bedingung der Möglichkeit des friedlichen Zusammenlebens von Menschen unterschiedlicher Traditionen; indem er nämlich herausarbeitet, was in der Idee der menschlichen Freiheit, der Staatsform der Demokratie, in den Menschenrechten, in der Vernunftgeleitetheit menschlichen Denkens und Handelns und in den Wissenschaften zum Ausdruck kommt. So leistet der Philosophieunterricht einen wesentlichen Beitrag zu wechselseitigem Verständnis und zur Toleranz gegenüber anderen Menschenbildern und Weltdeutungen. Er macht aber zugleich deutlich, dass Toleranz da enden muss, wo die Aufklärungskultur verlassen und die Menschenwürde verletzt wird.

Die Einsicht in das Spannungsverhältnis von kultureller Vielfalt und universalistischem Anspruch erzeugt ein Problembewusstsein, das die Ausbildung einer kritischen Reflexions-, Urteils- und Wertungsfähigkeit ermöglicht, ohne die eine kognitive Problemlösungskompetenz nicht gewonnen werden kann.

Die Fragestellungen, die Argumentationsstränge, die Problemlösungsvorschläge und die Positionen der Philosophie bleiben dem Fragenden nämlich nicht äußerlich, sondern konstituieren substantiell das Selbst- und Weltverständnis des Philosophierenden. Solch eine umfassende Denkweise entspricht dem Wesen der Philosophie ebenso wie dem Bedürfnis des Menschen nach Orientierung im Sinne einer Bestimmung des historischen Ortes, an dem er steht. Eine solche Ortsbestimmung stiftet als geistige Orientierung zugleich personale Stabilität. Der Philosophieunterricht leistet damit einen wesentlichen Beitrag zur Bildung der kulturellen Identität der Schülerinnen und Schüler. Diese stellt eine unverzichtbare Voraussetzung für die Fähigkeit des vernunftgemäßen Umgangs mit anderen Traditionen dar.

Urteilskraft und Handlungsfähigkeit

In der Anknüpfung an das Unterrichtsfach „Praktische Philosophie" in der Sekundarstufe I thematisiert der Philosophieunterricht in der gymnasialen Oberstufe Möglichkeiten und Aufgaben moralischer Selbstfindung. Die Suche nach verantwortbaren Handlungsmaßstäben wird – wie in der „Praktischen Philosophie" der Sekundarstufe I – nicht nur auf die Durchdringung ethischer Problemfelder konzentriert, sondern ist eingebettet in die Auseinandersetzung mit der Gesamtheit philosophischer Fragen und Antworten. Diese Auseinandersetzung wird im Philosophieunterricht der gymnasialen Oberstufe intensiver und differenzierter erfolgen, da nun die philosophischen Probleme und Texte einen höheren Komplexitäts- und Schwierigkeitsgrad aufweisen.

Das Fach Philosophie muss in der gymnasialen Oberstufe zwar auch von Schülerinnen und Schülern, die nicht am Religionsunterricht teilnehmen, belegt werden, d. h. aber nicht, dass sich dadurch das Fach Philosophie in seiner didaktischen Substanz ändert. Das Ziel des Philosophieunterrichts als Ersatzfach ist dasselbe wie in allen anderen Fächern der gymnasialen Oberstufe, nämlich alle Kursteilnehmerinnen und Kursteilnehmer zur Hochschulreife zu führen.

Auf der Suche nach einem tragfähigen Handlungsmaßstab begegnet den Schülerinnen und Schülern in der Alltagswelt eine unüberschaubare Vielfalt von Lebens- und Handlungskonzepten, Leitbildern und Wertvorstellungen. Diese treten mit dem Anspruch der Bedeutsamkeit auf. Das plurale Nebeneinander von konkurrierenden oder sich sogar ausschließenden Wissensformen, Sinnangeboten und Lebensweisen beeinträchtigt die Wahrnehmungs- und Urteilsfähigkeit der Jugendlichen, sodass sich das Überangebot in ein Defizit an Erkenntnis- und Sinnorientierung verkehrt, das bis zur Gleichgültigkeit gegenüber Sinn-, Erkenntnis- und Wertfragen führen kann.

In der Auseinandersetzung mit philosophischen Problemen und Texten lernen die Schülerinnen und Schüler nicht nur eine Vielzahl unterschiedlicher Fragestellungen und Antworten kennen, sondern auch tragfähige Versuche, eine geschichts- und kulturunabhängig gültige Bestimmung des Menschen, seiner Rechte und Pflichten zu entwickeln.

Vor diesem Hintergrund trägt der Philosophieunterricht dazu bei, die für die Ausbildung der Urteilskraft unerlässliche Fähigkeit zu stärken, in komplexen Zusammenhängen und antithetischen Strukturen, in Wechselverhältnissen und Rückkoppelungsprozessen zu denken und zu handeln. Die Fähigkeiten zur Systematisierung, zur Problematisierung und zur reflexiven Distanznahme sind Bestandteile des zu erlernenden Methodenbewusstseins, das sich in einer theoretischen und praktischen Urteilskompetenz niederschlägt, die den Zusammenhang zwischen empirischen Fakten einerseits sowie Prinzipien, Hypothesen, Regeln und Gesetzen andererseits ebenso bedenkt wie die moralischen Grundprinzipien, die für den kulturellen, sozialen und ökonomischen Lebensbereich des Menschen Gültigkeit haben sollen.

Es ist sinnvoll, die philosophischen Fragestellungen im Philosophieunterricht zu konkretisieren und, so weit es geht, in die Lebenswelt der Schülerinnen und Schüler einzubinden. Das Ziel kann aber nicht sein, unmittelbar zu praktischen Handlungsentscheidungen zu kommen, vielmehr geht es zunächst darum, in der Begegnung mit fremdem Denken und fremden Welten Distanz zu sich selbst und den vertrauten Zeit- und Lebensumständen zu gewinnen. Das sich in der nachdenklichen Distanz herausbildende, durchdachte und begründete Selbst- und Weltverständnis schafft die Grundlage für eine Entscheidungskompetenz, die es der Schülerin bzw. dem Schüler ermöglicht, ihr bzw. sein Handeln rational zu begründen und eigenverantwortlich auszuführen. So erkennen die Schülerinnen und Schüler die Bedeutung der Philosophie für ihr eigenes Selbst- und Weltverständnis.

Lern-, Methoden- und Argumentationskompetenz

Schwierigkeits- und Komplexitätsgrad philosophischer Probleme und Texte machen es erforderlich, dass – über die unmittelbare Begeisterung und Freude hinaus – ein motivationales und intellektuelles Durchhaltevermögen von den Schülerinnen und Schülern entwickelt wird. Es ist Bestandteil einer dauerhaften Lernkompetenz. Entsprechend sind Geduld und Ausdauer, Konzentrationsfähigkeit, Zuverlässigkeit, Sorgfalt und Gründlichkeit einzuüben und zu stärken.

Da es in der philosophischen Problembearbeitung ganz besonders auf die Klarheit und Eindeutigkeit der Begriffe und Argumentationen ankommt, ist es erforderlich, das analytische, interpretatorische und argumentative Ausdrucks- und Darstellungsvermögen so zu schulen, dass den Schülerinnen und Schülern übersichtliche, systematische, klar verständliche und auch ästhetisch ansprechende Darstellungen gelingen können, sowohl in schriftlich fixierter Form als auch im freien Vortrag. Dabei ist die Fähigkeit zum philosophischen Argumentieren an der Bereitschaft abzulesen, eigene und fremde Positionen einem kritischen Diskurs auszusetzen.

Der besondere Beitrag des Philosophieunterrichts zum Erwerb und zur Vertiefung von Methoden des selbst gesteuerten Lernens ergibt sich aus den strukturellen Merkmalen einer an den Prinzipien der Aufklärung orientierten didaktischen Konzeption. Er umfasst die folgenden, auf die Ausbildung theoretischen Ernstes ausgerichteten Erkenntnisleistungen und -einstellungen:

- die Überprüfung der Voraussetzungen des Denkens, Erkennens, Handelns und Erlebens auf ihre Tragfähigkeit und Begründungsmöglichkeiten hin
- die (selbst-)kritische Befragung der erkenntnismäßigen und moralischen Prämissen von Meinungen, Überzeugungen und Annahmen
- die Verwendung klarer und eindeutiger Begriffe
- die Bereitschaft zur Wahrnehmung der Pluralität von Erkenntnisperspektiven und zum Dialog mit anderen Positionen mit dem Ziel einer transsubjektiven, universalistischer Erkenntnis
- die Anerkennung des auf Systematisierung von Erkenntnissen drängenden Sinnbedürfnisses der menschlichen Vernunft.

1.2 Zusammenarbeit mit anderen Fächern

Das Denken der Philosophie befasst sich mit den Grundlagen des gesamten Seienden, des Denkens und des Handelns. Damit transzendiert die Philosophie substantiell jede faktische und heuristische Grenzziehung. Entsprechend ist der Gegenstandsbereich des Philosophieunterrichts prinzipiell durch die Fächereinteilung nicht begrenzbar.

Weil die Philosophie also ihrem Wesen und ihrem Selbstverständnis nach die Grenzen von Fachgebieten überschreitet, ist auch der Philosophieunterricht fachübergreifend und fächerverbindend.

Da die Philosophie in der Antike, im Mittelalter und in der Neuzeit wesentlich zum Selbst- und Weltverständnis der jeweiligen Epoche beigetragen hat, bedarf die Beschäftigung mit der europäischen Vergangenheit und Gegenwart philosophischer Grundkenntnisse. Alle Unterrichtsfächer stehen insofern in einem systematischen Verstehenszusammenhang mit dem Philosophieunterricht. Eine fachliche Zusammenarbeit ist deshalb unabdingbar. Da Philosophie zugleich Grundlagenreflexion des gesamten Seienden und seiner wissenschaftlichen Erschließung ist, ermöglicht dies eine fruchtbare Zusammenarbeit mit den anderen Fächern. In der Logik z. B., in der formalisierten Logik und dem dazu zugehörigen Kalkül, gibt es sogar deckungsgleiche Unterrichtsinhalte des Philosophie- und des Mathematikunterrichts.

So thematisiert die Philosophie auch die Grundlagen der Mathematik und der Informatik. Über die Mathematisierung und Formalisierung hinaus bedenkt die Philosophie jedoch zugleich die kulturellen und gesellschaftlichen Folgen der Naturwissenschaften, der Technik und der Informationstechnologie.

Ähnlich enge Beziehungen bestehen zur Kunst und Literatur, deren Grundlagen in der Ästhetik reflektiert werden, zur Geschichte (Geschichtsphilosophie), zur Gesellschaft (Sozialphilosophie) und zur Religionslehre (Religionsphilosophie), sodass das Unterrichtsfach Philosophie sowohl zu den *mathematisch-naturwissenschaftlich-technischen* Fächern als auch zu den *sprachlich-literarisch-künstlerischen* und den *gesellschaftswissenschaftlichen* Fächern in einem fruchtbaren Zusammenhang steht.

Diese prinzipielle Grenzüberschreitung betrifft sowohl die Fragen und Inhalte der Rahmenthemen als auch die zu ihrer Erarbeitung jeweils erforderlichen Methoden.

Als Organisationsformen fachübergreifenden und fächerverbindenden Arbeitens bieten sich neben themenbezogenen Studientagen, Projekttagen und Projektwochen auch die Bildung eines fachlichen Schwerpunkts in der Form einer Fächerkopplung von einem Leistungs- und einen Grundkurs zweier Fächer an, wobei das Fach Philosophie sowohl als Leistungs- wie auch als Grundkurs Kopplungsfach sein kann. Die Verbindung des Faches Philosophie mit einem anderen Fach ist vor allem an zwei zentrale Bedingungen geknüpft:

• Die im Lehrplan ausgewiesenen fachlichen Anforderungen und Regelungen sind in der Fächerkopplung in vollem Umfang zu berücksichtigen.

• Zwischen den beiden Fächern muss es hinreichende sachliche Berührungsflächen geben, die eine Verbindung für die Schülerinnen und Schüler erfahrbar und nachvollziehbar werden lassen.

2   Bereiche, Themen, Gegenstände

Die Philosophie hat im Laufe ihrer Geschichte die unterschiedlichsten Gegenstandsbereiche erschlossen und philosophisch durchdrungen. Dabei entwickelte sie *philosophiespezifische Disziplinen* wie Ontologie, Metaphysik, Erkenntnistheorie, Anthropologie, Ethik, Ästhetik, Logik, die Philosophie des Staats, der Gesellschaft, des Rechts, der Geschichte, der Natur, der Kultur, der Religion, der Sprache, der Technik und der Wissenschaft. Um diese unterschiedlichen Gegenstandsbereiche zu erschließen, entwickelte sie *unterschiedliche Zugangsweisen* zu diesen Gegenständen, die sich mitunter auch als *philosophische Schulen* etablierten, wie die Analytische Philosophie, die Dialektik, der Empirismus, die Existenzphilosophie, die Hermeneutik, der Idealismus, der Konstruktivismus, die Kritische Theorie, die Lebensphilosophie, der Materialismus, der Neukantianismus, die Phänomenologie, der Positivismus, die Postmoderne, der Pragmatismus, der Rationalismus, der Realismus, der Sensualismus, der Sozialismus, der Strukturalismus und die Transzendentalphilosophie.

Sowohl die *Disziplinen der Philosophie* als auch die *fachwissenschaftlichen Methoden* und *philosophischen Schulen* sind nicht zu verstehen als erratische Blöcke, vielmehr stehen sie in einem komplexen Gefüge von Rückverweisungen. Daraus folgt für den Philosophieunterricht, dass er sich in seinen Intentionen, Methoden und sachlichen Schwerpunkten nicht nur an einzelnen Disziplinen und philosophischen Schulen orientieren darf. Ausgangspunkt ist das Orientierungsbedürfnis der Schülerinnen und Schüler, das sich bestimmten Dimensionen und Disziplinen der Philosophie zuordnen lässt. Deshalb sind die Bereiche des Faches Philosophie als *Fragedimensionen* zu verstehen.

2.1   Bereiche: Herleitung und didaktische Funktion

Die Disziplinen, Methoden und Schulen der Philosophie gehören, weil die in und mit ihnen aufgeworfenen Fragen einen konstitutiven Bezug zum Selbst- und Weltverständnis sowie zu Existenz- und Lebensweltproblemen der Schülerinnen und Schüler besitzen, zum Gegenstandsbereich des Philosophieunterrichts. Dieser Gegenstandsbereich lässt sich in didaktischer Absicht unter Berücksichtigung des individuellen, kulturellen und gesellschaftlichen Fragehorizontes der Lernenden sowie der von ihnen zu erwerbenden Kompetenzen in fünf Dimensionen gliedern.

Die ersten vier Dimensionen zeichnen sich nicht durch einen fest umrissenen Inhalt aus, sondern durch die besondere Art und Weise, wie philosophische Fragen gestellt und beantwortet werden. In diesem Sinne geht es um Fragedimensionen, die nicht auf eine philosophische Methode oder Disziplin oder Schule beschränkt sind, die aber bei jeder philosophischen Problemstellung zu berücksichtigen sind. Insofern handelt es sich nicht um fest abgegrenzte und selbstständige Gegenstandsbereiche, sondern um zentrale Fragestellungen, die alle philosophischen Gegenstandsbereiche durchdringen. So wie Kultur, Gesellschaft und Erfahrungswelt der Schülerinnen und Schüler keine scharf voneinander getrennten Bereiche sind, so erweisen sich auch die verschiedenen konkreten Aspekte der Dimensionen als miteinander vernetzt.

Die fünfte Dimension hingegen ist keine inhaltliche, vielmehr eine methodische. Sie hat eine Klammerfunktion hinsichtlich der ersten vier Dimensionen und ist stets mit zu berücksichtigen.

Die Dimensionen sind strukturelle Bestandteile des Philosophieunterrichts, unabhängig vom jeweiligen Unterrichtsgegenstand. Dies besagt, dass in jedem Kurshalbjahr das jeweilige Unterrichtsthema in allen fünf Dimensionen – wenngleich mit unterschiedlicher Gewichtung – zur Geltung zu bringen ist.

2.2 Zuordnung der Themen und Gegenstände zu den Bereichen des Faches

Im Philosophieunterricht lassen sich deshalb die einzelnen Themen und Gegenstände nicht jeweils einer der fünf Dimensionen zuordnen, weil jeder Unterrichtsgegenstand zugleich in allen fünf Dimensionen erörtert werden muss, wenn auch in jeweils unterschiedlicher Akzentuierung.

So sind zum Beispiel die Fragen nach Normen, Werten und Prinzipien menschlichen Handelns nicht nur hinsichtlich ihrer sittlich-praktischen Dimension zu behandeln, sondern auch unter ihrem ontologisch-metaphysischen, ihrem erkenntnistheoretisch-wissenschaftstheoretischen, ihrem geschichtlich-gesellschaftlichen und kulturellen Aspekt. Die Frage nach der Gewissheit von Erkenntnis und nach dem Geltungsanspruch von Aussagen, die Untersuchung der historischen Bedingtheit von Normen und das Problem der Legitimation oberster Zwecke des Handelns müssen als Dimensionen den Schülerinnen und Schülern stets bewusst sein und deshalb im Unterricht entsprechend berücksichtigt werden. Darüber hinaus ist das Einüben und die Beherrschung der wissenschaftlichen und philosophiespezifischen Methoden bei jedem Thema von Bedeutung.

Dimension I: **Die erkenntnistheoretisch-wissenschaftstheoretische Dimension des Philosophieunterrichts**

Die Schülerinnen und Schüler werden in und außerhalb der Schule mit Deutungen der Wirklichkeit unterschiedlichster Art und Herkunft konfrontiert, die mit dem Anspruch auf Gültigkeit auftreten. Eine tragfähige Denk- und Handlungsorientierung ist angesichts dieser Vielfalt schwierig. Im Philosophieunterricht geht es in der ersten Dimension um die Möglichkeiten und Grenzen wissenschaftlicher und nichtwissenschaftlicher Deutungen von Wirklichkeit, um die Frage nach der Möglichkeit von Erkenntnis und dem mit ihr verbundenen Geltungsanspruch auf Wahrheit. Der Sinn für logische Richtigkeit und argumentative Stringenz werden geschärft und die Formen und Möglichkeiten menschlicher Kommunikation reflektiert. Damit bekommen die Schülerinnen und Schüler eine Hilfestellung, um unterschiedliche Theorien und Positionen beurteilen und dazu begründet Stellung nehmen zu können.

Dimension II: Die sittlich-praktische Dimension des Philosophieunterrichts

Die Komplexität der Moderne und das zunehmende Fehlen allgemein akzeptierter Normen und Wertorientierungen machen es den Schülerinnen und Schülern schwer, sich zu orientieren. Die Auseinandersetzung mit Normen und Prinzipien des Handelns muss deshalb angeregt und gefördert werden, damit die Schülerinnen und Schüler verantwortliche und begründete Wertentscheidungen fällen können. Der Philosophieunterricht untersucht in seiner sittlich-praktischen Dimension das komplexe Feld lebens- und handlungsorientierender Normen und Bedingungen, die auf das menschliche Denken, Handeln und Empfinden Einfluss nehmen. Er stellt die Frage nach der Gültigkeit von Normen, bedenkt Grundsätze des menschlichen Zusammenlebens und fragt, wie diese begründet und gerechtfertigt werden können. Eine auf Entscheidungskompetenz aufbauende Handlungsfähigkeit gewinnt so eine reflektierte und diskursiv gesicherte Grundlage.

Dimension III: Die ontologisch-metaphysische Dimension des Philosophieunterrichts

Ein „metaphysisches Grundbedürfnis" in dem Sinn, dass der Mensch Fragen stellt, die den Bereich des empirisch Verifizierbaren auf solche Prinzipien hin übersteigen, die ihrerseits die Grundlagen der Erkenntnis, der Erklärung und des Verstehens des Empirischen ermöglichen, kann bei Schülerinnen und Schülern vorausgesetzt werden. In seiner ontologisch-metaphysischen Dimension thematisiert der Philosophieunterricht das Problem der Letztbegründbarkeit, die Möglichkeit der Rückführbarkeit des Seienden auf oberste Prinzipien und auf ein Unbedingtes sowie Modelle des Entstehens, Werdens und Vergehens alles Seienden. Untersucht werden Deutungen menschlicher Existenz, der Welt und ihres Ursprungs, die empirisch nicht zu überprüfen bzw. zu falsifizieren, aber argumentativ begründbar sind. Dadurch lernen die Schülerinnen und Schüler überkommene Antworten auf die Fragen nach Wesen und Sinn der Welt und des menschlichen Lebens kennen. Sie werden darüber hinaus befähigt, auch jenseits des empirisch Verifizierbaren und Falsifizierbaren nach sinnvollen Antworten zu suchen und nach dem Unbedingten zu fragen.

Dimension IV: Die geschichtlich-gesellschaftliche und kulturelle Dimension des Philosophieunterrichts

In und außerhalb der Schule erfahren Schülerinnen und Schüler, dass verschiedene Kulturen zu unterschiedlichen Zeiten andere Weltanschauungen, Weltbilder, Selbst- und Weltverständnisse sowie Wertorientierungen entwickelt haben. Um eine Orientierung im Denken zu erreichen, müssen Schülerinnen und Schüler diese unterschiedlichen Vorstellungen verstehen und beurteilen können. Die Kenntnisnahme von und die Auseinandersetzung mit den ideengeschichtlichen Wurzeln verschiedener Weltanschauungen sind somit auch ein wesentlicher Beitrag des Philosophieunterrichts auch zum interkulturellen Lernen. Der Philosophieunterricht untersucht in seiner geschichtlich-gesellschaftlichen und kulturellen Dimension die Bedingungen des Entstehens und Tradierens von Normen und Weltdeutungen, das Entstehen und Vergehen von Selbst- und Weltverständnissen, von gesellschaftlichen und staatlichen Ordnungen und von Vorstellungen über oberste Prinzipien des Denkens und Handelns. Die menschliche Wirklichkeit und ihre Interpretationen sollen so in ihrer historischen Ausprägung sowie in ihren zeitlichen und überzeitlichen Aspekten deutlich werden. Damit werden die Schülerinnen und Schüler befähigt, die geschichtlich-gesellschaftlichen und kulturellen Bedingungen eigener und fremder Lebensformen und Denkweisen zu verstehen und Kriterien für ihre Akzeptanz zu finden.

Dimension V: Die methodische Dimension des Philosophieunterrichts

Im Philosophieunterricht werden Methoden und Formen des selbstständigen, kooperativen und fachübergreifenden Arbeitens, Lernens und Denkens eingeübt. Dabei spielt nicht zuletzt die Ausbildung der Begriffs-, Urteils- und Argumentationskompetenz durch Schulung spezifisch philosophischer Denkoperationen eine besondere Rolle. Dazu gehören die Deduktion, transzendentales und dialektisches Denken, der Regressus, der Progressus, das Gedankenexperiment, die Reflexion und Begriffskonstruktion sowie Methoden der philosophischen Kritik. Das Einüben von Methoden ist auch zu verstehen als ein emanzipatorisches Moment des Lernprozesses, und zwar in dem Sinn, dass die Beherrschung der Methode die Fremdkontrolle überflüssig macht, weil sie die *Selbstkontrolle* des eigenen Denkens ermöglicht.

Übersicht

Dimension I	Dimension II	Dimension III	Dimension IV
(erkenntnistheoretisch-wissenschaftstheoretische)	(sittlich-praktische)	(ontologisch-metaphysische)	(geschichtlich-gesellschaftliche und kulturelle)

⇓

**Dimension V
(Methoden)**

Fachspezifische Methoden   Unterrichtsmethoden (Lernorganisation)
⇓

Rahmenthemen
obligatorische Anteile   Freiräume
⇓

Sequenzbildung
Grundsätze der Unterrichtsgestaltung   Gestaltung der Lernprozesse
(vgl. 3.1)   ⇓   (vgl. 3.2)

Kursthemen
Unterrichtsreihen   Kursplanung
Unterrichtsstunden   (vgl. 3.4.2)

15

2.3 Obligatorik und Freiraum

Die traditionellen Themen und Gegenstandsbereiche der Philosophie lassen sich unter Berücksichtigung der fünf Dimensionen (vgl. 2.1 und 2.2) für den Philosophieunterricht in unterschiedlichen Themen und Gegenstandsbereichen konkretisieren. Im Folgenden werden für die Schulhalbjahre 11/I bis 13/II die *Rahmenthemen* angegeben. Sie sind zu verstehen als Problemhorizonte, innerhalb derer die Fachlehrerinnen und Fachlehrer in eigener pädagogischer Verantwortung ein in Lernsequenzen gegliedertes *Kursthema* ausarbeiten müssen. Die sachlichen Schwerpunkte, die unter jedem Rahmenthema angegeben sind, bilden den Grundstock des jeweiligen Kurshalbjahres, der bei der unterrichtlichen Erarbeitung zu behandeln ist.

Die Kursplanung ist folglich so anzulegen, dass die *sachlichen Schwerpunkte* bei der unterrichtlichen Erarbeitung des Rahmenthemas auf jeden Fall berücksichtigt werden. Dies bedeutet nicht, dass ihnen jeweils eigene Kurssequenzen zugeordnet werden müssen, vielmehr ist es möglich, einen der genannten sachlichen Schwerpunkte besonders zu akzentuieren, sofern sichergestellt ist, dass die anderen im Unterricht mit bedacht werden. Da die genannten sachlichen Schwerpunkte nur den inhaltlichen Grundstock des jeweiligen Kurshalbjahres bilden, ist es selbstverständlich, dass noch weitere Aspekte des jeweiligen Rahmenthemas aufgegriffen werden können, wenn der Unterrichtsverlauf es nahe legt.

Die Rahmenthemen und die mit ihnen gesetzten sachlichen Schwerpunkte ergeben sich einerseits aus den klassischen Disziplinen der Philosophie und andererseits aus den Dimensionen des Philosophieunterrichts. In dem von der Fachlehrerin bzw. vom Fachlehrer zu entwickelnden und zu verantwortenden Kursthema sind beide Bereiche konkretisiert.

Die Rahmenthemen sind ebenso obligatorisch wie ihre Zuordnung zu den jeweiligen Kurshalbjahren. Es ist also nicht zulässig, Kursthemen zu unterrichten, die nicht in einem der angegebenen Rahmenthemen angesiedelt sind. Und es ist ebenso wenig zulässig, die Abfolge der Rahmenthemen zu ändern. Nur in den Kurshalbjahren, in denen alternative Rahmenthemen angegeben sind, können und müssen die Fachlehrerinnen und Fachlehrer (ggf. nach Absprache in der Fachkonferenz) aus den angegebenen Möglichkeiten eine Auswahl treffen.

Die Rahmenthemen sind als Probleme formuliert, die jeweils im engen Zusammenhang mit klassischen philosophischen Disziplinen stehen. Dies bedeutet jedoch nicht, dass die unterrichtliche Bearbeitung sich im engen Rahmen einer dieser Disziplinen bewegen soll. Ein sachgerechter Philosophieunterricht kann zum Beispiel anthropologische Problemstellungen nicht unabhängig von sittlich-praktischen, ontologisch-metaphysischen, erkenntnistheoretisch-wissenschaftlichen, geschichtlich-gesellschaftlichen und kulturellen Fragen erarbeiten. Um neben der wissenschaftspropädeutischen Ausbildung auch die Förderung der individuellen und sozialen Handlungskompetenz gewährleisten zu können, müssen bei jedem Rahmenthema alle fünf Dimensionen des Philosophieunterrichts berücksichtigt werden, wenn auch mit unterschiedlicher Schwerpunktsetzung. Damit erübrigt sich eine weitere Ableitung der Rahmenthemen und sachlichen Schwerpunkte aus den Dimensionen.

Verpflichtend ist, dass im Verlauf des Philosophieunterrichts von 11/I bis 13/II mindestens **einmal** eine philosophische Ganzschrift im Unterricht behandelt wird. Unter „Ganzschrift" ist nicht ein umfangreiches Werk zu verstehen, sondern ein zusammenhängender Text, der kontinuierlich besprochen wird, und zwar in einem Zeitraum von einem Quartal oder einem ganzen Kurshalbjahr. Die Auseinandersetzung mit einer Ganzschrift intensiviert das fachliche Lernen (vgl. Kapitel 3.1 der Richtlinien „Aufgaben und Ziele der gymnasialen Oberstufe"). Die Analyse eines längeren systematisch geordneten Zusammenhangs vermag die Konzentration der Schülerinnen und Schüler zu steigern, sie fördert zugleich die Methodenreflexion. Bei der Bearbeitung empfiehlt es sich sowohl aus sachlichen als auch aus Gründen der Motivation kontrastierende oder ergänzende Texte heranzuziehen. Dies kann sowohl vor als auch nach der Bearbeitung der Ganzschrift geschehen oder die Erarbeitung gelegentlich unterbrechen.

In der folgenden Erläuterung der Rahmenthemen werden einige sachliche Schwerpunkte kursiv gedruckt, weil sie sich für einen fachübergreifenden und fächerverbindenden Unterricht besonders eignen.

11/I

Einführung in die Philosophie

Ausgehend vom Erfahrungs- und Interessenhorizont der Schülerinnen und Schüler sind Teilbereiche aus den Rahmenthemen der Folgekurse 11/II bis 13/II zu thematisieren, um den Schülerinnen und Schülern die Besonderheiten der philosophischen Problemstellungen und des philosophischen Denkens zu verdeutlichen. Zugleich müssen die Schülerinnen und Schüler mit den Leistungsanforderungen und den Formen der mündlichen und schriftlichen Lernkontrolle vertraut gemacht werden.

Werden bereits im Einführungskurs 11/I sachliche Schwerpunkte eines der Folgekurse thematisiert, dann muss bei der Wiederaufnahme deren philosophische Vertiefung gewährleistet sein.

Für den Einführungskurs werden wegen der besonderen Bedingungen des Einstiegs in das neue Fach keine inhaltlich bestimmten sachlichen Schwerpunkte festgelegt, sondern es sind vor allem formale und methodische Anforderungen verpflichtend.

- Intentionen und Dimensionen philosophischen Fragens
- Grundformen philosophischen Denkens
- Anleitung der Schülerinnen und Schüler zu exaktem Denken, zu präziser Argumentation und Schulung des begrifflichen Unterscheidungsvermögens
- Methoden und Arbeitsformen des Philosophieunterrichts
- Einübung in die Formen schriftlicher und mündlicher Lernzielkontrollen
- Hinweis auf Folgekurse.

Probleme der Bestimmung des Menschen (Philosophische Anthropologie)

- Der Mensch als kulturbestimmtes und kulturbestimmendes Wesen
- *Der Mensch als Naturwesen*
- Der Mensch als erkennendes und denkendes Lebewesen, das metaphysische Fragen stellt

oder

Probleme des Erkennens und Denkens (Erkenntnistheorie)

- Der Begriff der Wirklichkeit
- *Das Problem der Wahrheit*
- Subjekt und Objekt
- Das Instrumentarium des Denkens

Probleme des menschlichen Handelns (Ethik)

- Oberste Zwecke, Normen, Werte und Prinzipien des Handelns
- Begründung und Rechtfertigung sittlich-praktischen Handelns
- Freiheit und Determination
- *Angewandte Ethik*

Probleme von Politik, Recht, Staat und Gesellschaft (Rechts- und Staatsphilosophie)

- *Recht und Gerechtigkeit*
- Begründung und Rechtfertigung des Rechts, kritische Analyse von Rechtssystemen
- Begründung, Rechtfertigung und kritische Analyse von politischen Ordnungen
- Verhältnis von Individuum, Gesellschaft und Staat

oder

Probleme des Geschichtsverständnisses (Geschichtsphilosophie)

- Geschichte und Geschichten (res gestae und historia rerum gestarum)
- Konstruktionen einer Universalgeschichte
- *Geschichtsdeutungen als Ideologien*

13/I und II

Probleme von Metaphysik und Ontologie

- Gegenstand und Methode von Metaphysik und Ontologie
- Ontologischer, metaphysischer und erkenntnistheoretischer Dualismus
- *Die Philosophie der „letzten Dinge"*
- *Metaphysikkritik*

oder

Probleme der Deutung und des Umgangs mit der Natur (Naturphilosophie)

- Wandlungen des Naturbegriffs
- Methoden der Naturbetrachtung
- *Ökologie: Der Umgang des Menschen mit der Natur*
- *Philosophische Probleme der Naturwissenschaften*

oder

Probleme von Kunst und Ästhetik (Philosophische Ästhetik)

- Das Verhältnis von Kunst, Wahrheit, Schönheit und dem Guten
- Kunst und Natur
- Erkenntnisurteile, moralische Urteile, ästhetische Urteile
- *Verstehbarkeit und Interpretation von Kunst*

oder

Kulturelle und interkulturelle Probleme (Kulturphilosophie)

- *Begriffe der Kultur*
- Kultur und Zivilisation
- Entstehung und Funktion der kulturellen Identität
- Die obersten Prinzipien von Wissens-, Glaubens- und Lebensformen
- Die Universalität der Aufklärungskultur

oder

Probleme der Wissenschaft (Wissenschaftstheorie)

- *Wissenschaftliche Verfahrensweisen*
- Der Objektivitätsanspruch wissenschaftlicher Erkenntnis
- Wissenschaft und Weltbild

oder

Probleme der Technik und der technischen Zivilisation (Technikphilosophie)

- Technikbegriffe
- Anthropologische Bestimmungen der Technik
- Selbstverständnis und Grenzen wissenschaftlicher Rationalität

19

- *Technik und Verantwortung*

oder

Probleme der Religion (Religionsphilosophie)

- Religion als Wirklichkeitserklärung und Sinnstiftung
- Religion als Rechtfertigungsinstanz des Denkens und Handelns
- *Religionskritik*

oder

Probleme der Sprache (Sprachphilosophie)

- Sprache, Denken und Erkennen
- Sprachspiele
- *Zeichentheorie*

oder

Grundlagen des logischen Denkens (Logik)

- Formale Logik (Begriffs-, Urteils- und Schlusslehre)
- Zwei- und mehrwertige Logiken
- Logik, Dialektik, Hermeneutik
- *Natürliche und künstliche Intelligenz*

oder

Eines der nicht gewählten Themen aus den Kurshalbjahren 11/II oder 12/II

Übersicht zu den Rahmenthemen

11/I
Einführung in die Philosophie

11/II

Probleme der Bestimmung des Menschen

Probleme des Erkennens und Denkens

12/I
Probleme des menschlichen Handelns

12/II

Probleme von Politik, Recht, Staat und Gesellschaft

Probleme des Geschichtsverständnisses

13/I und 13/II
Probleme von Metaphysik und Ontologie

Probleme der Deutung und des Umgangs mit der Natur
Probleme von Kunst und Ästhetik
Kulturelle und interkulturelle Probleme
Probleme der Wissenschaft
Probleme der Technik und der technischen Zivilisation
Probleme der Religion
Probleme der Sprache
Grundlagen des logischen Denkens
Eines der nicht gewählten Themen aus den Kurshalbjahren 11/II oder 12/II

Unabhängig davon, welche Kurssequenz in Absprache mit der Fachkonferenz (vgl. 3.4.1) gewählt wird und in welchen Kursthemen die Rahmenthemen konkretisiert werden, bleibt als Zielsetzung des Philosophieunterrichts die Vermittlung folgender Kompetenzen:

Die Schülerinnen und Schüler werden exemplarisch vertraut gemacht mit den Positionen, Problemstellungen und -lösungen der Philosophie und mit den Methoden, sich diese anzueignen und sich mit ihnen auseinander zu setzen. Dabei gewinnen die Schülerinnen und Schüler das Interesse und die Fähigkeit, auch jenseits des empirisch Verifizierbaren und Falsifizierbaren nach sinnvollen Antworten zu suchen, nach dem Unbedingten zu fragen und ihr eigenes Selbst- und Weltverständnis zu reflektieren. Sie erkennen die geschichtlich-gesellschaftlichen und kulturellen Bedingungen eigener und fremder Lebensformen und Denkweisen und erwerben Kriterien für deren Kritik und Akzeptanz.

Durch die Übernahme von wissenschaftlichen Einstellungen und Haltungen, durch die Einübung von Methoden, durch die Kenntnis grundlegender Problemlagen des Erkennens, Denkens und Handelns entwickeln die Schülerinnen und Schüler die Fähigkeit, sich sachlich fundiert, methodisch kontrolliert, vernunftgeleitet, diskursiv und argumentativ mit der Wirklichkeit und deren Modellen, mit anderen Menschen und ihren unterschiedlichen Positionen auseinander zu setzen (vgl. Richtlinien „Aufgaben und Ziele der gymnasialen Oberstufe", 1.2 und 1.3.1). So kann es ihnen gelingen, eine Reflexions-, Urteils- und Wertungsfähigkeit auszubilden, die sie in die Lage versetzt, eine Basis für personale Stabilität und kulturelle Identität zu gewinnen. Aus der Reflexion der Bedingungen der Möglichkeit des Erkennens und des Handelns ergibt sich eine eigenständige Handlungsfähigkeit und die Freiheit der Selbstverantwortung.

Wie sich diese komplexe Zielsetzung operationalisieren und in konkrete Lernarrangements umsetzen lässt, wird im 3. Kapitel entwickelt.

3   Unterrichtsgestaltung/Lernorganisation

Der Philosophieunterricht zeichnet sich durch ein komplexes Spannungsgefüge aus. So betrifft das philosophische Denken das Individuum zwar in seinem Selbst- und Weltverständnis, jedoch so, dass nicht das Individuum in seiner Zufälligkeit thematisiert wird, vielmehr thematisiert die Philosophie den Menschen als Gattungswesen, d. h. in seinen zeit- und kulturinvarianten Aspekten. Außerdem muss den Schülerinnen und Schülern die historische Differenz deutlich werden; denn Philosophieren ist eine Begegnung mit fremden Denkwelten. Die klassische Philosophie weckt gerade deshalb das intellektuelle Interesse, weil sie ein völlig anderes Welt- und Selbstverständnis formuliert als das, welches die Schülerinnen und Schüler schon kennen. Zugleich bemerken sie jedoch, dass dies andere auch bei großer historischer und kultureller Entfernung deshalb verstehbar ist, weil es keine zufällige Meinungsäußerung ist, sondern sich argumentativ ausweist. Damit gewinnen die Schülerinnen und Schüler in der Auseinandersetzung mit der Philosophie einen Standpunkt außerhalb ihres Hier und Jetzt und außerhalb ihrer konkreten Individualität. Sie werden also eingeübt in Abstraktionsprozesse und erweitern ihren geistigen Horizont hin zum Prinzipiellen, zum Universellen und zum Unbedingten. Dadurch gewinnen sie Selbstständigkeit.

Der Philosophieunterricht versetzt demgemäß die Schülerinnen und Schüler in das Spannungsverhältnis zwischen dem sozial und kulturell geprägtem Individuum und dem Gattungswesen, zwischen Vergangenheit und Gegenwart, zwischen Abstraktion und Konkretion, zwischen Theorie und Praxis, zwischen Vertrautheit und Fremdheit, zwischen Nähe und Distanz, zwischen Meinung und Argumentation. Die Unterrichtsgestaltung muss dieses Spannungsverhältnis der Philosophie für die Lernprozesse der Schülerinnen und Schüler produktiv machen.

Dazu muss der Philosophieunterricht den Schülerinnen und Schülern die Einsicht ermöglichen, dass die Probleme der Philosophie keine akademisch-internen oder historisch-vergangenen sind, sondern sie selbst als Individuum und als Gattungswesen betreffen. Deshalb münden auch die berühmt gewordenen Fragen Kants
- Was kann ich wissen?
- Was soll ich tun?
- Was darf ich hoffen?
in die Grundfrage: Was ist der Mensch?

Diese betrifft jeden zugleich in seiner Individualität.

3.1   Grundsätze der Unterrichtsgestaltung

Es ist Aufgabe des Unterrichts, das im Bildungsauftrag genannte Hauptziel der gymnasialen Oberstufe realisieren zu helfen, auf Studium und Beruf vorzubereiten. Die Unterrichtsorganisation soll dazu beitragen, dass die Schülerinnen und Schüler auf der Grundlage einer vertieften allgemeinen Bildung
- eine wissenschaftspropädeutische Ausbildung erwerben

- und Hilfen zur persönlichen Entfaltung in sozialer Verantwortlichkeit erhalten (vgl. Kapitel 1 der Richtlinien „Aufgaben und Ziele der gymnasialen Oberstufe").

Wesentliche Bezugspunkte sind die Dimensionen einer wissenschaftspropädeutischen Ausbildung, die in den Richtlinien mit
- dem Erwerb wissenschaftspropädeutischen Grundlagenwissens
- der Entwicklung von Prinzipien und Formen selbstständigen Arbeitens
- der Entwicklung von wissenschaftlichen Verhaltensweisen
- der Ausbildung von Reflexions- und Urteilsfähigkeit

umschrieben werden.

Der Unterricht ist also so anzulegen, dass diese Ziele erreicht werden können.

Die Prinzipien, denen hierbei gefolgt werden soll, sind im Kapitel 3 der Richtlinien „Prinzipien des Lernens und Lehrens in der gymnasialen Oberstufe" beschrieben. Hierbei ist sicherzustellen, dass auf der einen Seite eine gut organisierte fachliche Wissensbasis erreicht wird. Dazu gehören Theorien, Fakten, Methoden- und Prozesswissen. Auf der anderen Seite muss eine Balance zwischen fachlichem Lernen und Lernen in sinnstiftendem Kontext hergestellt werden.

Zusammengefasst soll sich die Unterrichtsorganisation daran ausrichten, dass
- die individuelle Schülerpersönlichkeit mit ihren Vorerfahrungen, Möglichkeiten und Leistungsdispositionen im Blick ist
- Schülerinnen und Schüler aktiv lernen
- Schülerinnen und Schüler kooperativ lernen
- Vorwissen abgesichert, aufgegriffen und Lernfortschritt ermöglicht wird
- die Aufgabenstellungen komplex sind
- die Aufgabenstellungen auch auf Anwendung und Transfer ausgerichtet sind.

Fachliche Systematik, verbunden mit dialogischen, problembezogenen und fachübergreifenden Lernarrangements, sind die inhaltlichen Bezugspunkte für die Lernorganisation (vgl. Kapitel 3 der Richtlinien „Prinzipien des Lernens und Lehrens in der gymnasialen Oberstufe").

3.1.1 Prinzipien der Wissenschaftspropädeutik

Die lange Geschichte der Philosophie beginnt mit der Emanzipation des Logos aus dem Mythos, ein Spannungsverhältnis, das sich in zwei gegensätzlichen Traditionen ausdrückt, nämlich
- einem ausdrücklich wissenschaftlichen Selbstverständnis der Philosophie und
- einem ausdrücklich wissenschaftskritischen Selbstverständnis der Philosophie

Für den Philosophieunterricht hat dies den großen Vorteil, dass er von der Substanz seiner Bezugsdisziplin her sowohl Wissenschaft als auch Wissenschaftskritik thematisieren muss. Wissenschaftspropädeutik im Philosophieunterricht bedeutet deshalb zum einen die Einführung in die Verfahrensweisen und Problemstellungen der Philosophie als Wissenschaft und zugleich die Reflexion auf die Grenzen und

Probleme wissenschaftlichen Denkens. Ziel ist dabei nicht die enge Vorbereitung auf ein Studium der Philosophie, sondern im Sinne der vertieften Allgemeinbildung die Einübung von wissenschaftlichen Einstellungen, Haltungen und Methoden, darüber hinaus die Kenntnis von grundlegenden Problemlagen des Erkennens, Denkens und Handelns, ferner die Fähigkeit, methodenkontrolliert mit Texten und Problemen umzugehen, und schließlich die Bereitschaft, vernünftig zu denken und vernunftgeleitet zu handeln.

Damit zielt sich die Wissenschaftspropädeutik, die im Philosophieunterricht erworben wird, auf die Ausbildung einer Lebensform. Als solche beschränkt sie sich nicht auf die Vorbereitung auf ein wissenschaftliches Studium, sondern ist auch Vorbereitung auf berufliche Tätigkeit und im besten Sinne Vorbereitung auf das Leben.

Zu den Prinzipien der philosophischen Wissenschaftspropädeutik gehören:

- Fähigkeiten und Fertigkeiten
  - Sorgfältige Begriffsklärung und -verwendung
  - Stringentes Argumentieren
  - Schlüssiges Konstruieren
  - Prinzipiengeleitetes Denken
  - Kritikfähigkeit als Selbst- und Fremdkritik
  - Diskursfähigkeit und argumentative Konfliktlösungsfähigkeit
  - Fähigkeit zur Interpretation von Texten
  - Fähigkeit zum Analysieren von Problemen
  - Urteilskraft und Epoché
- Kenntnisse
  - der überlieferten und gegenwärtigen Problemstellungen, -lösungen und Positionen der universitären Philosophie
  - der Prinzipien des menschlichen Erkennens, Denkens und Handelns
  - der Prinzipien der Begründung und Rechtfertigung des Erkennens, Denkens und Handelns
  - der Prinzipien der Geltungsansprüche von Wahrheitsbehauptungen und von Machtansprüchen
- Einstellungen
  - Achtung vor anderen und anderem
  - Verantwortung für die Gesamtheit der natürlichen Welt
  - Toleranz im Rahmen der Humanität und der Menschenrechte
  - Nachdenklichkeit und Besonnenheit
- Haltungen
  - Bereitschaft, die eigenen Voraussetzungen des Denkens und Handelns zu reflektieren
  - Bereitschaft, Denken und Handeln vernünftig zu kontrollieren
  - Streben nach Einheit von Wissen, Können, inneren Einstellungen und äußerem Verhalten
  - Bereitschaft, sein Leben in einer Wechselbeziehung von Lebensvollzug und reflektierender Distanz zu gestalten.

3.1.2 Entwicklung von Handlungsfähigkeit

Da die Philosophie die Grundlagen des Seienden, des Denkens und Handelns reflektiert, also den Menschen als solchen betrifft und dadurch das Selbst- und Weltverständnis des Menschen prägt, hat die Auseinandersetzung mit der Philosophie immer schon Auswirkungen auf das Handeln der Schülerinnen und Schüler.

Für die Unterrichtspraxis heißt dies jedoch nicht, dass der unterrichtspraktische Ausgangspunkt des philosophischen Lernprozesses eine vorschnelle Zuspitzung des philosophischen Denkens auf die unmittelbare Lebenswelt und ihre Bewältigung durch konkrete Handlungshilfen oder eine Praxisanleitung ist. Vielmehr geben die Philosophie und der Philosophieunterricht eine Orientierung im Denken, indem die Unmittelbarkeit des Lebensvollzugs auf die ihn fundierenden Prinzipien bedacht und in einem Abstraktionsprozess überschritten wird. Das philosophische Prinzipiendenken geschieht jedoch nicht ausschließlich um seiner selbst willen, sondern die Prinzipien müssen anwendbar sein in einer möglichen Empirie und Praxis. Die Handlungsfähigkeit, die die Schülerinnen und Schüler im Philosophieunterricht erwerben, ergibt sich also aus der Klärung der Bedingung der Möglichkeit des Erkennens und Handelns.

Es geht im Philosophieunterricht mithin nicht um einen unmittelbaren Handlungsbezug, sondern um einen vermittelten, reflexiv gebrochenen. Die Handlungsfähigkeit erwächst zum einen aus der Distanznahme von der eigenen Subjektivität und der Gegenwart, zum anderen aus der Fähigkeit, die Denk- und Handlungsgrenzen des Menschen als Gattungswesen und als sozial und kulturell geprägtes Individuum zu erkennen. Der Philosophieunterricht kann so dazu beitragen, dass die Schülerinnen und Schüler nicht ihrer subjektiven Zufälligkeit und historischen Bedingtheit verhaftet bleiben, sondern die Fähigkeit entwickeln, eine Fehleinschätzung der menschlichen Möglichkeiten zu vermeiden. Dies sind unerlässliche Voraussetzungen für das Erlangen von Selbstständigkeit und Verantwortungsbewusstsein. Insofern entlässt der Philosophieunterricht die Schülerinnen und Schüler in die Freiheit der Selbstverantwortung.

3.2 Gestaltung der Lernprozesse

Der Unterricht folgt einer Gesamtplanung, die schüler-, gegenstands- und methodenorientiert ist. Eine zu enge Steuerung des Lernprozesses ist ebenso zu vermeiden wie eine unstrukturierte Offenheit.

Schülerorientierung bedeutet, dass die Schülerinnen und Schüler die Möglichkeit haben, im Unterricht an ihren eigenen Erfahrungs- und Lernstand anzuschließen und dem Leitbild des aktiven und selbstständigen Arbeitens zu folgen. Die Orientierung an der Lernausgangslage berücksichtigt auch diejenigen Kursteilnehmerinnen und Kursteilnehmer, die – aus unterschiedlichen Gründen – Philosophie als Ersatzfach für den konfessionellen Religionsunterricht gewählt haben. D. h. für den Philosophieunterricht, dass die Lehrerin bzw. der Lehrer auf die Interessenlage des Kurses insofern eingehen sollte, als diese mit den Zielen des Faches übereinstimmt. Schülerorientierung bedeutet aber auch, dass der Kursleiter die Aufgabe hat, bei den Schülerinnen und Schülern Interesse an der Philosophie zu wecken. Falsch verstanden ist eine Schülerorientierung jedoch, wenn die zufälligen und disparaten Interessen einzelner Schülerinnen und Schüler zum Leitfaden des Unterrichts werden, denn nicht jeder Meinungsäußerung ist ein Bildungssinn abzugewinnen. Die Kursleiterin bzw. der Kursleiter tragen auch bei schülerorientierten Formen des Unterrichts die pädagogische Verantwortung. Sie müssen die Kontinuität der Lernschritte und den Fortschritt des sachlichen und methodischen Lernens ihrer Schülerinnen und Schüler gewährleisten.

Gegenstandsorientierung bedeutet, dass die vorgesehenen Unterrichtsinhalte in einem breiten Wissens- und Anwendungsbereich (vgl. Bereiche des Faches) in einer über die drei Jahre der gymnasialen Oberstufe laufenden Sequenz aufgebaut werden, dass Vorwissen abgesichert und aufgegriffen wird, Lernfortschritte ermöglicht werden, sodass Wissenszuwachs entsteht und vernetztes Wissen möglich wird. Zugleich sollen die Schülerinnen und Schüler den Unterrichtsgegenstand in seiner Eigengewichtigkeit erfahren und dessen eigene Logik und Diskursivität bemerken, die nicht subjektivierbar sind, erkennen.

Methodenorientierung bedeutet, dass die Schülerinnen und Schüler sich durch komplexe Aufgabenstellungen die geforderten fachlichen und fachübergreifenden Methoden und die notwendigen Arbeitshaltungen und -dispositionen aneignen und Transferleistungen erbringen können.

Der Begriff **Unterrichtsmethode** umfasst die Summe der Unterrichtsschritte, Arbeitsformen, Lehr- und Lernformen, mit deren Hilfe der Unterricht strukturiert wird. Die Unterrichtsmethoden und -organisationsformen sollen durch die in Kapitel 3.1 dargestellten Grundsätze geprägt sein.

Auf die hierbei angewandten gängigen Unterrichtsmethoden (z. B. Lehrervortrag, Unterrichtsgespräch etc.), die nach wie vor von herausragender Bedeutung sind, muss an dieser Stelle nicht eingegangen werden. Wichtiger ist es, die Verknüpfung von Zielen, Inhalten und Unterrichtsmethoden, d. h. die Lernarrangements zu beschreiben, die geeignet sind, dem Leitbild des aktiven und selbstständigen Lernens zu dienen und eine Vernetzung des Wissens zu ermöglichen. Die Formen eigenverantwortlichen Lernens und Arbeitens, die die Schülerinnen und Schüler aktiv tätig sein lassen, sind hier von besonderer Bedeutung.

Es geht um Arbeitsformen, die *produktives Tun* fördern (z. B. Planungs- und Strukturierungsaufgaben, Materialaufbereitung, Referate, Facharbeit, Protokolle), es geht um eine Stärkung des *kommunikativen* Handelns (z. B. Gruppengespräche, Vorträge, Präsentation, Debatten) und um *forschende Arbeitsformen* (z. B. Interviews, Recherchen, Fallstudien). Solche Arbeitsformen sollen planvoll in den Lernprozess einbezogen werden.

3.2.1 Kriterien für die Auswahl von Unterrichtsinhalten

Der Unterricht in den Jahrgangsstufen 11 bis 13 wird sequentiell aufgebaut. Die fachlichen, fachübergreifenden und methodischen Ziele des Faches sollen am Ende der Jahrgangsstufe 13 erreicht sein.

Folgende Kriterien können bei der Inhaltsauswahl hilfreich sein:
- Der Aufbau der fachlichen Inhalte darf nicht zu einer Stoffhäufung führen. Es gilt das Prinzip des Exemplarischen/Paradigmatischen, das sich auf wesentliche, repräsentative und bedeutsame Fachinhalte beschränkt, die geeignet sind, übertragbare Kenntnisse und Fertigkeiten zu vermitteln.
- Die Auswahl der Unterrichtsinhalte soll so erfolgen, dass Vorwissen aktiviert werden kann. Lernzuwachs und Progression müssen deutlich werden.
- Die ausgewählten Inhalte sollen in fachlicher und fachübergreifender Hinsicht methodisch selbstständiges Arbeiten ermöglichen und entsprechende Kompetenzen progressiv aufbauen und sichern.

Seit Platon und Aristoteles beginnt das philosophische Nachdenken mit dem Staunen, d. h. mit dem Fraglichwerden dessen, was sich für das Alltagsbewusstsein von selbst versteht. Die Frage bzw. das Problem muss deshalb am Beginn des Unterrichts stehen. So ist die Doppelung von affektivem und kognitivem Interesse gewährleistet. Die Selbstverständlichkeiten werden durchbrochen, sodass der Beginn des Philosophieunterrichts der Bruch mit dem Alltagsbewusstsein und die Ablösung vom lebensweltlichen Erfahrungshorizont ist.

Dieser Bruch erweckt die theoretische Neugier; so wird das durch die Frage eröffnete Interesse zum Motivationsschub für die folgende Unterrichtsarbeit. In dieser muss die Anfangsfrage einer Lösung zugeführt werden. Diese kann allerdings auch darin bestehen, dass das Problem nur in seiner Komplexität entfaltet wird, während die Ausgangsfrage offen bleibt. Entscheidend für diese Phase des Unterrichts ist die kognitive Einlösung des affektiven Problemaufweises. Da das philosophische Lernen und das Gelernte zum aktiven Bestandteil der intellektuellen Biographie der Schülerinnen und Schüler werden sollen und der Philosophieunterricht den Lernerfolg auch überprüfen muss, kann in einer Transferphase beides geleistet werden. Anwendung, Wiederholung und Vertiefung des Gelernten sind möglich als Übertragung auf einen anderen, affinen Problembereich oder aber als Vergleich des Erlernten mit anderen Positionen. Diese Transferphase ermöglicht nicht nur eine Lernkontrolle und bietet den Schülerinnen und Schülern nicht nur die Möglichkeit, das Erlernte als Bestandteil der intellektuellen Biographie zu internalisieren, vielmehr lässt sich der Transfer auch zur kritischen Auseinandersetzung mit dem Erlernten verwenden. Daraus kann eine neue Problemeröffnung (ggf. durch Aktualisierung) erwachsen. Damit entwickelt sich der Philosophieunterricht organisch als die Entfaltung von Problemen und Problemlösungsvorschlägen und fördert so den kontinuierlichen Lernzuwachs.

Bereits die problemorientierte Formulierung der Rahmenthemen legt es nahe, die Fragestellungen der Schülerinnen und Schüler zum Ausgangspunkt von Lernprozessen zu machen, um sie dann zum Bedenken des scheinbar Selbstverständlichen zu veranlassen. Die zunehmende Beherrschung von Formen und Prinzipien des selbstständigen Arbeitens befähigt sie, sich eigenständig mit den Unterrichtsgegenständen auseinander zu setzen und dabei ihr Wissen zu erweitern und ihre Methodenbeherrschung zu üben. Um die Teamfähigkeit der Schülerinnen und Schüler zu verbessern, sollten kooperative Lernformen so eingeübt werden, dass einerseits der Vorteil arbeitsteiligen Vorgehens erfahren wird und andererseits, im Nachvollzug der Arbeitsergebnisse anderer, Verfahrensweisen einer produktiven Rezeption eingeübt werden. Auf diese Weise wird die Kommunikationsfähigkeit ebenso erweitert wie die Fähigkeiten zur Selbstkorrektur, zum Zuhören und zum konstruktiven Umgang mit anderen Positionen.

Die Ausrichtung der Lernsequenzen an Grundbegriffen der Philosophie, an Epochenproblemen, an Themen oder an problemorientiert-systematischen Fragestellungen stellt hohe Anforderungen an die Schülerinnen und Schüler, weil sehr komplexe Aufgabenstellungen bewältigt werden müssen. Da im Verlauf der Lernprogression mit deren Bearbeitung jedoch auch das Wissen und Können der Schülerinnen und Schüler voranschreitet, insbesondere die Fähigkeit zur methodische Reflexion und zur fachübergreifenden Sichtweise, sind diese auch lösbar.

Anwendung, Vertiefung und Transfer von Fähigkeiten und Kenntnissen sind im Philosophieunterricht sowohl inhaltlich als auch methodisch unabdingbar. Die spezifische Form philosophischen Fragens, die Kenntnisnahme von und die Auseinandersetzung mit den Antworten aus der Philosophiegeschichte und die daraus resultierende neue Möglichkeit philosophischen Fragens auf höherem Niveau schließen den Transfer immer schon ein.

Die Grundstruktur des philosophischen Lernprozesses ist demnach der Problemaufweis, die Erarbeitung der Problemlösung und schließlich der Transfer, wobei diese drei Struktureinheiten nicht auf eine Stundeneinheit eingeschränkt sind, sondern die prinzipielle Struktur philosophischen Lernens kennzeichnen, unabhängig von der Zeit, die dafür benötigt wird.

In pädagogisch-didaktischer Absicht muss bei dieser Phasierung des Unterrichts darauf geachtet werden, dass in der praktischen Durchführung im Wesentlichen vier Prinzipien aufeinander bezogen und in Einklang gebracht werden:

- die argumentative Diskursivität des philosophischen Sachverhalts
- der methodische Aufbau der Lernorganisation
- die Motivations- und Interessenlage der Schülerinnen und Schüler
- das Arrangement der eingesetzten Medien

Materialien und Medien

Das entscheidende Medium des Philosophieunterrichts ist der philosophische Text. Er zeichnet sich dadurch aus, dass er – selbst in einer literarisch-essayischen Form – letzlich diskursiv-argumentativ ist. Vorrangig das Primärmedium des Textes ermöglicht es den Schülerinnen und Schülern, nicht nur philosophische Positionen kennen zu lernen, sondern auch die philosophische Argumentation nachzuvollziehen und dabei, d. h. im Nachvollzug des Vorgedachten („ex datis"), das Denken „ex principiis" zu erlernen. Zwar steht der genuine philosophische Text im Zentrum des Philosophieunterrichts, indes sind auch andere Medien und Materialien im Philosophieunterricht verwendbar, sofern sie philosophische Probleme zum Inhalt haben oder das Nachdenken über philosophische Fragen anregen.

Am Beginn einer Unterrichtsreihe könnten z. B. eine freie Problemerörterung oder Medien („Sekundärmedien") wie Bilder, Filme, literarische Texte etc. stehen. Solche Sekundärmedien eignen sich vorzüglich zur Problemeröffnung, können aber auch sinnvoll in Transferphasen eingesetzt werden, wenn es darum geht, das Erlernte auf einen anderen Gegenstandsbereich anzuwenden. Sekundär*literatur* eignet sich für die Transferphase jedoch nur dann, wenn die Schülerinnen und Schüler den Autor im Unterricht schon so weit verstanden haben, dass sie in der Lage sind, die Deutungsansätze der Sekundärliteratur auf ihre Plausibilität hin zu überprüfen.

Wenn es allerdings um die Einübung in die philosophische Argumentation geht, dann ist der philosophische Text unumgänglich. Hierbei empfiehlt es sich, solche Texte zu wählen, die in sich verständlich sind, d. h. einen Gedankengang von Grund auf entwickeln und zugleich die dazu gehörende Terminologie einführen. Dies ist vorrangig bei den „Grundwerken" der „klassischen Philosophen" gewährleistet.

3.2.2 Lern- und Arbeitsorganisation im Fach

Spricht man von „fachspezifischen Methoden", muss unterschieden werden zwischen Verfahrensweisen der Philosophie und Verfahrensweisen des Philosophieunterrichts. Das Ziel der philosophischen Methoden ist es, ein philosophisches Problem zu erschließen, zu analysieren und einer Lösung zuzuführen. Das Ziel der philosophischen Unterrichtsmethode ist es, die Schülerinnen und Schüler an die Philosophie heranzuführen, d. h. an die überkommenen und gegenwärtigen Problemstellungen und -lösungen, Positionen und Argumentationen, damit sie sich mit denselben auseinander setzen können und so mit einer philosophischen Lebensform vertraut gemacht werden und dadurch Orientierung und Entscheidungskompetenz gewinnen.

In diesem Sinne umfasst die Unterrichtsmethodik alle Unterrichtsverfahren und Unterrichtsformen, die dazu dienen, dass die Schülerinnen und Schüler philosophische Kenntnisse, Fähigkeiten, Fertigkeiten, Einstellungen und Haltungen erwerben, üben, vertiefen und festigen. Jede Unterrichtsmethode steht notwendigerweise in einem funktionalen Zusammenhang mit den Lernvoraussetzungen, den Inhalten und den Zielen des Unterrichts. Dies schließt eine Verselbstständigung einzelner Unterrichtsmethoden aus.

„Die Philosophie" und „das Philosophieren" ergänzen sich wechselseitig: Die Fähigkeit zum Philosophieren soll dadurch erworben werden, dass das Philosophieren an der überkommenen Philosophie geschult wird, um die Schülerinnen und Schüler im begrifflich klaren und stringenten Denken zu üben.

Dabei sind im Philosophieunterricht prinzipiell zwei Verfahren zu unterscheiden, die beide gleichermaßen berücksichtigt werden müssen:
* *der textgebundene Unterricht*
* *die freie Problem- und Sacherörterung.*

Bei beiden Verfahren muss gewährleistet sein, dass durch die didaktisch-methodische Steuerung der Lehrerin bzw. des Lehrers die Bereitschaft der Schülerinnen und Schüler zur Textarbeit, zur Stellungnahme und zum Argumentieren gefördert wird, wobei der wissenschaftspropädeutische Qualitätsstandard gewährleistet sein muss. Dieser kann sowohl in einem gelenkten Unterrichtsgespräch gesichert werden als auch in produktiven Formen des Umgangs mit philosophischen Texten. Hierbei sind das selbst gesteuerte, ergebnisorientierte Gespräch in Kleingruppen sowie kreative und argumentative Formen der Schriftlichkeit für den Lernfortschritt der Schülerinnen und Schüler bedeutsam.

Der textgebundene Philosophieunterricht

Der Philosophieunterricht setzt sich mit der Philosophie in Vergangenheit und Gegenwart auseinander und kann deshalb auf die Interpretation von und die Auseinandersetzung mit Texten nicht verzichten. Darstellungen aus zweiter Hand, die eine Zusammenfassung oder einen Überblick geben, eignen sich weniger für den Philosophieunterricht, weil auf diese Weise die Schülerinnen und Schüler nicht hinreichend methodisch geschult werden und keine Möglichkeit haben, die Richtigkeit der Interpretation zu kontrollieren. Daher ist es sinnvoller, Originaltexte der Philosophie als Ganzschriften oder als in sich verständliche Ausschnitte zu lesen.

Philosophische Texte zeichnen sich dadurch aus, dass sie um eines Problems willen verfasst worden sind, das sie einer argumentativen Lösung zuführen möchten. Insofern gibt der philosophische Text eine Antwort auf eine Frage, die zu seinem Verständnis entschlüsselt werden muss. Daraus ergibt sich, dass es, gemäß der Hermeneutik, zum Verständnis eines philosophischen Textes notwendig ist, das Problem, die Fragestellung zu kennen, um derentwillen er verfasst wurde. Den Schülerinnen und Schülern muss deutlich werden, dass das philosophische Problem kein abgehoben akademisches ist, sondern in seiner Allgemeinheit und Grundsätzlichkeit sie selbst betrifft. Der Text wird aufgrund der Vermutung, dass das darin angesprochene Problem gelöst wird, ernst genommen. Geprüft werden muss, ob und wieweit der Text seinen eigenen Anspruch einlöst. Auch dann, wenn der Text keine Lösung enthält, wird zumindest das Problem argumentativ entfaltet. Deshalb ist es ein weiterer, unabdingbarer Schritt der philosophischen Interpretation, diese Argumentation aufzuzeigen. Dabei muss auch eine sachgerechte Kritik ansetzen, wobei zu beachten ist, dass diese eben nicht vorschnell erfolgt, sondern dass sie dem Werkkontext des Autors gerecht werden muss.

Zwar zeichnen sich alle philosophischen Texte durch ihre Argumentationen aus, doch unterscheiden sie sich im Denkstil und im Grade der argumentativen Stringenz: von Popper bis Heidegger, von Kant bis Bloch, von Aristoteles bis Nietzsche. Diese Unterschiede gilt es zu beachten. Denn die Rekonstruktion des Gedankengangs des jeweiligen Textes stellt unterschiedliche Ansprüche.

Ein erster Schritt zur Auseinandersetzung mit einem philosophischen Text kann durch eine Fokussierung auf Textstellen geschehen, die das zur Sprache kommende Problem und die vom Autor vorgeschlagene Lösung besonders deutlich erkennen lassen. Die dadurch erreichte Steuerung der Aufmerksamkeit begünstigt die Erzeugung emotionaler Anteilnahme und macht zugleich die Notwendigkeit ihrer reflexiven Verarbeitung deutlich. Nach der Problembestimmung kann mit einer systematisch-strukturierenden Inhaltsangabe weiter gearbeitet werden. Diese muss dann allerdings zu einer Interpretation erweitert werden. Die Untersuchung des gedanklichen Aufbaus und die Analyse der Argumentationsstruktur gehören ebenso dazu wie die Benutzung anderer Informationsquellen, die über den Text hinausgehen, wie zum Beispiel Nachschlagewerke oder bereits vorliegende Interpretationen zum Text. Wenn der Text sachgemäß analysiert und verstanden ist, muss eine Beurteilung erfolgen, die in Ansätzen auch eine Einordnung in größere fachliche Zusammenhänge einschließt.

Daraus ergeben sich die folgenden vier Schritte einer philosophischen Textinterpretation:
1) Bestimmung des Problems
  ● Formulierung der Frage bzw. des Problems, auf die bzw. das der Text eine Antwort gibt.
2) Aufweis des Problemlösungsvorschlags bzw. Darlegung der Problementfaltung
3) Rekonstruktion des Argumentationsgangs
  ● von grundlegenden Prämissen ausgehend eine schrittweise Entwicklung des Gedankenzusammenhangs
  ● Erläuterung der Schlüsselbegriffe
  ● Erschließung unbekannter Begriffe und schwieriger Sätze aus dem Kontext
  ● Bestimmung des Argumentationsmodus (These, Folgerung, Definition, Begründung, Vermutung, Einwand etc.)
  ● Bestimmung der Prämissen und Implikate.
4) Kritik: Überprüfung des Geltungsanspruchs der Prämissen, Implikate, Behauptungen und Folgerungen
  ● Überprüfung der Konsistenz der Argumentation
  ● Vermeidung vorschneller Kritik
  ● Überprüfung der Haltbarkeit der Prämissen und Konsequenzen
  ● Frage nach der Bedeutung des Textes für das gegenwärtige und zukünftige Denken und Handeln.

Bei diesem Vorgehen sind folgende Punkte besonders zu beachten:
● klare Trennung zwischen Interpretationsthesen und eigener Position
● Ziel der Interpretation: angemessene Würdigung des Autors
● Berücksichtigung des eigenen Vorverständnisses
● Beachtung des hermeneutischen Zirkels
● Beleg von Interpretationsbehauptungen an Zitaten
● Verwendung der philosophischen Fachsprache

- Einordnung des Textes in seinen historischen und systematischen Zusammenhang.

Außer der strengen Textanalyse und -interpretation eignen sich auch produktive Formen des Umgangs mit Texten für den Philosophieunterricht, sofern sie sich nicht verselbstständigen und dem Textverständnis dienen. So kann zum Beispiel das Vorverständnis zentraler Begriffe eines Textes abgefragt und diskutiert werden (eventuell auch mit Hilfe der Methode der Kartenabfrage). Ein vorliegender Text kann verkürzt oder erweitert werden; die Perspektive des Textes kann verändert werden; ein Text kann für jüngere Schülerinnen und Schüler umgeschrieben werden; in der Form eines Streitgesprächs können Gegenargumente an den Text herangetragen werden; ein Text kann zur Ermittlung der Argumentationsstruktur aus Einzelteilen zusammengesetzt werden (Methode der Zeilenkombination). Die Texterschließung kann auch von einer die Begriffszusammenhänge verdeutlichenden Strukturskizze oder Zeichnung unterstützt werden. Die Einbeziehung der Lebenswirklichkeit in den produktorientierten Umgang mit Texten kann den Zugang zum Textverständnis erleichtern und eröffnet zugleich die Möglichkeit, den Grad des jeweils erreichten Textverständnisses zu überprüfen.

Die freie Problem- und Sacherörterung

Neben der Textinterpretation steht im Philosophieunterricht die freie Erörterung philosophiespezifischer Probleme. Dabei geht es um eine Gesprächssituation, in der die Schülerinnen und Schüler, zunächst auch sachlich ungesichert und emotional, ihre Positionen und Meinungen darlegen können und sollen. Es geht also nicht von Anfang an um einen strengen, argumentativen Diskurs, sondern um die Möglichkeit für Schülerinnen und Schüler, ihr Vorverständnis auch spontan darlegen zu können. Ziel ist jedoch nicht, es bei dieser Meinungskundgebung und der Referierung konkreter Einzelfälle aus ihrer Lebenswelt zu belassen, sondern von hier aus zum mühsamen Schritt der Abstraktion zu gelangen.

Entscheidend hierbei ist, die Schüleräußerungen auf die dahinter stehenden allgemeinen Fragen zu versammeln. Die Aufgabe der Lehrerin bzw. des Lehrers ist es dabei, die Schülerbeiträge so zu bündeln und zu strukturieren, dass sich das Unterrichtsgespräch behutsam einem argumentativ-diskursiven Gespräch annähert. Folgende schülerorientierte Verfahrensweisen bieten sich an:
- sokratisches Gespräch
- Streitgespräch
- Diskurs
- u. a.

Im Idealfall gelingt es der Lerngruppe selbst, ihre eigenen Beiträge so zu steuern, dass die Schülerinnen und Schüler sich selbst methodisch kontrollieren und so eigenständig zu einem argumentativen Gespräch kommen.

Ziel dieser Unterrichtsformen ist es vornehmlich, die Schülerinnen und Schüler zur Klärung und Ordnung ihrer eigenen Gedanken, der Erweiterung ihres Wissens und der Schärfung und Vertiefung ihres Problembewusstseins anzuleiten. Typische philosophische Denkoperationen wie das Gedankenexperiment oder die Begriffskonstruktion können dabei erprobt werden. Darüber hinaus lernen die Schülerinnen und Schüler ihre Kommunikationsfähigkeit, insbesondere ihre sprachliche Ausdrucksfähigkeit auch in komplexen Zusammenhängen zu schulen und zu erweitern: Es geht um die Fähigkeit zuzuhören, auf Argumente anderer einzugehen, die eigene Position zu relativieren, sich klar und deutlich auszudrücken, strukturiert, zielgerichtet und sprachlich korrekt zu formulieren, vorschnelle Wertungen zu vermeiden und sich stattdessen um eine begründete Sach- und Wertkritik zu bemühen. So werden Urteilsenthaltsamkeit und Urteilskraft gleichermaßen geschult. Die Schülerinnen und Schüler üben sich in der Fähigkeit, andere im Gespräch nicht zu verletzen und sich von der eigenen Subjektivität zu lösen.

In der Reflexion der freien Problem- und Sacherörterung können die Vorläufigkeit und der generelle Geltungsanspruch einzelner Positionen erörtert werden. Die Auseinandersetzung mit den eigenen Unterrichtsbeiträgen erweitert die Methodenkompetenz der Schülerinnen und Schüler und kann darüber hinaus das Interesse an einem weiterführenden Text ebenso wecken wie die Entscheidung, in der philosophischen Erörterung zunächst ohne Text weiter zu arbeiten.

Philosophische Textinterpretation und philosophische Gesprächsführung stehen nicht in einem Ausschließlichkeitsverhältnis, sondern werden sich im Unterricht ständig gegenseitig ergänzen. So kann der Unterricht von der freien Erörterung eines Problems ausgehen und dann einen Text zu Rate ziehen, um so in der Sache voranzukommen. Umgekehrt ist es ebenso sinnvoll, dass man sich bei der Interpretation eines Textes von der engen Textarbeit auch einmal löst und auf Nebenprobleme, Parallelen und aktuelle Bezüge zu sprechen kommt. Sowohl die freie Problem- und Sacherörterung als auch die Textarbeit sind Methoden, um die Schülerinnen und Schüler zu selbstbestimmten und kooperativen Formen des Arbeitens zu befähigen.

Die Schriftlichkeit im Philosophieunterricht

Sowohl die philosophische Textinterpretation als auch die freie Problem- und Sacherörterung können in schriftliche Formen überführt werden, in denen das Verständnis des Textes bzw. des Problems dargelegt wird. Von der formalen Seite her gesehen, ist dies unabdingbar für die Schülerinnen und Schüler, die das Fach Philosophie als „schriftliches Fach" belegt haben. Von der Sache her gesehen, ist es für alle Schülerinnen und Schüler von größter Bedeutung, dass sie lernen, ihre Gedanken in einer angemessenen schriftlichen Form auch darzustellen. Die Schriftlichkeit erleichtert und stärkt die Fähigkeit der methodischen Selbstkontrolle.

Schriftlichkeit im Philosophieunterricht gibt es in mehreren Formen:
- die schriftliche Interpretation philosophischer Texte
- die Erstellung von Unterrichtsprotokollen
- die Erarbeitung von Referaten
- die schriftliche Übungsarbeit

- die Facharbeit
- die philosophische Disputation
- der philosophische Essay
- der argumentative Sachtext aus einer bestimmten Perspektive
- die literarische Darstellung philosophischer Probleme.

Die im Folgenden aufgelisteten und kurz erläuterten Formen der Schriftlichkeit im Philosophieunterricht sind *als ergänzende Anregungen* zu verstehen. *Auf keinen Fall kann auf die klassische Textinterpretation verzichtet werden (siehe 3.2.2 Der textgebundene Philosophieunterricht).*

Die Facharbeit

Wissenschaftspropädeutisches Lernen zielt darauf ab, die Schülerinnen und Schüler mit den Prinzipien und Formen selbstständigen Lernens vertraut zu machen. Facharbeiten sind hierzu besonders geeignet. Jede Schülerin bzw. jeder Schüler soll im Verlauf der Schullaufbahn eine Facharbeit anfertigen.

Facharbeiten ersetzen in der Jahrgangsstufe 12 nach Festlegung durch die Schule je eine Klausur für den ganzen Kurs oder für einzelne Schülerinnen und Schüler. Eine Facharbeit hat den Schwierigkeitsgrad einer Klausur; sie soll einen Schriftumfang von 8 bis 12 Seiten (Maschinenschrift) nicht überschreiten. Gleichartige Arbeiten gehören zum Beurteilungsbereich „Sonstige Mitarbeit".

Die methodischen Anforderungen an eine Facharbeit sind im Unterricht vorzubereiten. Unter Umständen ist es zweckmäßig, wenn diese Aufgabe nach Absprache in der Schule vom Fach Deutsch übernommen wird.

Für das Fach Philosophie bieten sich folgende Themenbereiche für Facharbeiten an:
- Philosophische Fragestellungen, Probleme oder Theoriezusammenhänge:
  - Ausdifferenzierung und Entfaltung zweier konträrer philosophischer Theorien, deren Grundlagen im Unterricht behandelt worden sind
  - Darstellung unterschiedlicher Ausprägungen einer philosophischen Richtung oder Schule im Hinblick auf Lösungsversuche für entstandene Problemüberhänge
  - Untersuchung zentraler philosophischer Begriffe im Lichte unterschiedlicher philosophischer Theoriezusammenhänge
- Kontextbezogene, projektorientierte oder fachübergreifende Fragestellungen: Hier kommt es darauf an, dass die dargestellte gesellschaftlich-kulturelle bzw. wissenschaftsbezogene Thematik aus einer philosophischen Perspektive reflektiert wird. Denkbar ist:
  - die Erörterung eines lebenspraktischen Problems unter Zuhilfenahme konträrer philosophischer Argumentationen und Positionen
  - die Darlegung eines wissenschaftstheoretischen Problems aus philosophiegeschichtlicher Perspektive

- die Darlegung der Wechselwirkung philosophischer und politischer, sozialer, kultureller, ästhetischer, wissenschaftlicher Strömungen im Rahmen einer Epoche (anhand exemplarischer Beispiele)
- die methodenorientierte Reflexion einer Fachperspektive oder einer Theorie, die im Rahmen eines Projekts eine konstitutive Rolle spielen
- die Dokumentation, kritische Auswertung und Überprüfung der Sachgerechtigkeit der Darstellung eines Philosophen und seines Werkes in den Medien.

Die philosophische Disputation

In Anknüpfung an die „sic-et-non-Methode", die Abälard in die scholastische Methode der Quästionen und Disputationen einführte, soll die Disputation Schülerinnen und Schülern die Möglichkeit eröffnen, eigenständig Probleme zu erörtern und einer Lösung zuzuführen.

Die in der Scholastik übliche Darlegung der Autoritäten wird dabei ersetzt durch die Kenntnisse der philosophischen Positionen, welche die Schülerinnen und Schüler im Unterricht erlernt haben. Sie werden so in die Lage versetzt, die Fragestellung, die sie erörtern sollen, in Pro- und Contra-Argumenten darzustellen und dann, beide Seiten abwägend, einer argumentativ-diskursiven Lösung zuzuführen.

Der unter dem Gesichtspunkt des vorgegebenen Problems systematisch reorganisierte und in oppositionelle Argumente überführte Teil der Aufgabenstellung wird dann ergänzt durch die selbstständigen, problemlösenden Schlussfolgerungen, welche die Schülerinnen und Schüler aus ihrer oppositionellen Problemerörterung für die Lösung des Problems ziehen.

Das Verfahren des Thomas von Aquin war:
1) Quaestio (z. B.: Utrum deus sit an non)
2) Videtur quod non …
3) Sed contra dicendum …
4) Respondeo … (eigene These, die sich auf die zweite Position rückbezieht)
5) Ad primum … (Widerlegung der ersten Antithese)

Für den Philosophieunterricht bietet sich folgendes Verfahren an:
1) Fragestellung (z. B.: Muss die Welt dualistisch gedacht werden?)
2) Vorläufige Antwort (eigene Position: Die Welt ist nur dualistisch zu begreifen)
3) Einwände (Argumente aus dem Unterricht gegen diese vorläufige Antwort (2): Die Position Aristoteles´ oder Hegels)
4) Gegeneinwände (Argumente aus dem Unterricht gegen die Einwände (3): Die Position Platons oder Kants)
5) Entwicklung der eigenen Position im Rückbezug auf die eigene Position (2), indem die Einwände (3) und Gegeneinwände (4) gegeneinander abgewogen werden

Der philosophische Essay

Diese Textform bietet eine Möglichkeit zu größerer formaler Freiheit und geistiger Selbstständigkeit in der Auseinandersetzung mit philosophischen Fragestellungen. Sie entspricht in ihrer formalen Offenheit der Tradition philosophischen Fragens und Suchens, die sich hier im Schreibprozess vollziehen. Dieser Prozess kann gleichermaßen Einsicht in die Komplexität der Erfahrungswirklichkeit und philosophischer Problemstellungen vermitteln wie auch die Reflexion des Standpunkts des Verfassers ermöglichen. Der Prozess muss nicht zu einem abgeschlossenen Ergebnis führen; die Unabgeschlossenheit kann eine abwägende Denkhaltung fördern.

Allerdings gelten auch hier Grundregeln des vernünftigen Denkens und Schreibens wie
- Begründung und Beleg von Positionen oder kritischen Wertungen
- Klarheit und Genauigkeit des Ausdrucks
- Ordnung der Gedanken
- Verständlichkeit und Sachlichkeit der Darstellung.

Der argumentative Sachtext aus einer bestimmten Perspektive

Er ermöglicht eine stärkere Konkretisierung der Argumentation dadurch, dass er auf eine bestimmte Situation hin geschrieben wird.

Nachdem eine aktuelle Fragestellung (z. B. Probleme der Organtransplantation) mit ihren philosophisch bedeutsamen Aspekten (wissenschaftstheoretisch, ethisch, sozial etc.) im Unterricht behandelt worden ist, wird den Schülerinnen und Schülern die Gelegenheit gegeben, einen argumentativen Text aus der Perspektive einer beteiligten Personengruppe (Arzt, Krankenschwester, Organempfänger, Angehöriger etc.) zu schreiben. Bei der Wahl der Rolle können die Schülerinnen und Schüler ihren erfahrungsbedingten Bezug zu dieser Rolle (z. B. durch Berufsperspektive oder Elternhaus) einbringen. Auf diese Weise kann eine Verarbeitung der Unterrichtsergebnisse und eine Verschmelzung mit dem eigenen Erfahrungshorizont gefördert werden.

Die literarische Darstellung philosophischer Probleme

Philosophen haben immer schon Geschichten erzählt, um ihre Gedanken zu vermitteln oder zu veranschaulichen. Das Schreiben literarischer Texte im Philosophieunterricht bedarf jedoch besonderer Voraussetzungen wie entsprechender Schülerneigungen und Erfahrungen aus dem Deutsch- oder Literaturunterricht.

Bei einem Unterrichtseinsatz muss die Eigengesetzlichkeit literarischer Texte beachtet werden, die diese einer problemlosen und vollständigen Nutzbarmachung für die Ziele des Philosophieunterrichts entzieht. Sie sind eher mit Gedankenexperimenten zu vergleichen, in denen ein Lebenszusammenhang mit philosophisch bedeutsamen Merkmalen, z. B. in Form von Geschichten, durchgespielt wird. Damit wird die philosophische Abstraktion *in heuristischer Absicht* und *vorübergehend* zugunsten einer literarischen Konkretisierung und Lebensnähe aufgegeben.

Methoden, Verfahren und Formen sozialen und kooperativen Arbeitens

Aufgabe des Philosophieunterrichts ist es nicht, philosophische Wissenschaft und Forschung zu betreiben, sondern die Schülerinnen und Schüler zur Philosophie hinzuführen. Sie sollen lernen, durch die wachsende Komplexität der Aufgabenstellung selbstständig, d. h. regelgeleitet, planmäßig, sich selbst und andere methodisch kontrollierend, zu arbeiten.

Diese Arbeit am Problem und am Text kann in verschiedenen unterrichtspraktischen Vorgehensweisen verwirklicht werden, vom Frontalunterricht über den Lehrervortrag, über die Gruppenarbeit und Einzelarbeit bis hin zu fachübergreifenden Projekten. Unabhängig von den gewählten Unterrichtsformen geht es jedoch immer um die Auseinandersetzung mit der Sache innerhalb einer Lerngruppe. Deshalb fördert der Philosophieunterricht die soziale und kooperative Kompetenz der Schülerinnen und Schüler insofern, als sie sich nur dann erfolgreich in der Form der diskursiven Argumentation mit dem philosophischen Gegenstand auseinander setzen können, wenn sie es lernen, Verständigungs- und Selbstregulationsfähigkeiten zu entwickeln.

Schülerinnen und Schüler haben somit im Philosophieunterricht die Gelegenheit, kooperative Arbeitsformen als Bereicherung zu erfahren. Denn sowohl bei der Textarbeit als auch bei der freien Problem- und Sacherörterung wird im Gespräch in der Kursgruppe oder in einer Kleingruppe das Text- bzw. Problemverständnis der Mitglieder gemeinsam erarbeitet.

Sinnvoll ist es, wenn zu philosophischen Positionen auch konträre philosophische Theoreme herangezogen werden, sodass die Schülerinnen und Schüler schon durch den Aufbau einer Lernsequenz erfahren, dass es im Lauf der Philosophiegeschichte unterschiedliche und selbst konträre Positionen gegeben hat, dass diese aber nicht einfach zufällige Meinungen der Autoren widerspiegeln, sondern aufgrund von Prämissen und nachvollziehbaren Argumentationsgängen zustandegekommen sind.

Textverstehen, Gesprächsführung, Planung und Durchführung komplexerer Arbeitsvorhaben sind gleichermaßen angewiesen auf die Bereitschaft,
- die Pluralität vorhandener Erkenntnisperspektiven wahrzunehmen und sich ernsthaft mit den hinter ihnen stehenden kulturellen, historischen und gesellschaftlichen „Weltbildern" auseinander zu setzen und dabei den eigenen Mitteilungsdrang zu zügeln
- die Gesprächsteilnehmer als Argumentationspartner ernst zu nehmen
- selbstständig Verantwortung für den eigenen Lernfortschritt bei der Entwicklung von Argumentationsstrukturen, der Informationsbeschaffung und der Beherrschung der Fachterminologie (z. B. durch die Erstellung eines Glossars der philosophischen Fachwörter) zu übernehmen

- eigene Arbeitsergebnisse zuhöreradäquat zu präsentieren, einen Wechselbezug zu anderen erarbeiteten thematischen Aspekten herzustellen sowie Bewertungen produktiv in erforderliche Korrekturen umzusetzen bzw. die Ergebnisse der eigenen Denkarbeit überzeugend argumentativ zu verteidigen.

Insofern ist das Gespräch für den Philosophieunterricht unabdingbar. Dabei fördert der Philosophieunterricht die soziale und kooperative Kompetenz von Schülerinnen und Schülern, indem sich diese in der Form der diskursiven Argumentation mit dem philosophischen Gegenstand auseinander setzen.

Die Offenlegung der Planungsprinzipien der Sequenzbildung und der Kursplanung (vgl. 3.4) vor den Schülerinnen und Schülern ermöglicht diesen nicht nur ein besseres Verständnis des Unterrichtsverlaufs und seiner Inhalte, sondern auch eine Beteiligung an der Planung des Unterrichts, sodass sie in zunehmendem Maße Mitgestalter ihrer eigenen Lernprozesse werden können.

3.2.3 Fachübergreifende, fächerverbindende und projektorientierte Lern- und Arbeitsorganisation

Fachübergreifender Unterricht findet zunächst im Fach selbst statt; er besteht aus dem „Blick über den Tellerrand" in Gestalt von Exkursen oder der Reflexion der fachlichen Fragestellung und ihrer Plausibilität und Grenzen.

Fächerverbindender Unterricht besteht in der themen- oder problembezogenen Kooperation zweier oder mehrerer Fächer, wenn es gilt, „quer liegende" Themenstellungen unter verschiedenen Fachperspektiven und -kategorien zu betrachten und dabei mehr als nur die Summe von Teilen zu erkennen. Fächerverbindender Unterricht ist organisatorisch und planerisch aufwendig. Er kann in den Schwerpunkten eines Schulprofils entwickelt werden. Da die Schülerinnen und Schüler in der gymnasialen Oberstufe an *einer* übergreifenden Veranstaltung teilnehmen sollen, müssen die Schulen, sofern sie keine Schulprofile (Fächerkopplungen) aufweisen, entsprechend langfristig planen.

Projektorientierter Unterricht ist anwendungsbezogen, kurzphasig, kompakt, produktorientiert. Er muss in der Themenstellung erkennbar „besonders" und machbar sein. Er kann im Fach selbst oder fächerverbindend stattfinden.

Fächerverbindender Projektunterricht findet in *übergreifenden Projektveranstaltungen* statt. Diese Veranstaltungsform soll den Schülerinnen und Schülern die Möglichkeit geben, erlernte Arbeitsmethoden aus unterschiedlichen Fachbereichen selbstständig auf ein komplexes Problem zu beziehen und ein Problem aus der Perspektive mehrerer Fächer zu sehen. Projektveranstaltungen bieten auch die Gelegenheit zur Teamarbeit. Diese Veranstaltungen sind unter bestimmten vorher festgelegten Leitfragen langfristig aus dem Fachunterricht heraus zu entwickeln. Die von den Schülerinnen und Schülern erbrachten Leistungen werden im Rahmen der „Sonstigen Mitarbeit" beurteilt.

Da solche Projektveranstaltungen stufenspezifische Ziele verfolgen, sind sie im Hinblick auf die Teilnehmerinnen und Teilnehmer in der Regel auf eine Jahrgangsstufe oder auf die gymnasiale Oberstufe zu beschränken.

Da Philosophie ihrer Tradition und ihrem gegenwärtigen Selbstverständnis entsprechend fachübergreifend und fächerverbindend ist (vgl. 1.2, 2.2 Unterrichtsthemen), kann es auch im Philosophieunterricht bei einem gegebenen fachwissenschaftlichen und didaktischen Bedarf jederzeit zu einer thematisch begrenzten oder projektorientierten Zusammenarbeit zwischen den jeweils interessierten Fachkolleginnen bzw. Fachkollegen und dem Fach Philosophie kommen.

Zugleich sollte sich der Philosophieunterricht seinerseits der Konkretisierungskraft der Einzelfächer bedienen, wenn es die Veranschaulichung philosophischen Denkens erfordert. In einer solchen Stärkung und Vertiefung von Lern- und Erkenntnisprozessen gehen die Einzelfächer und das Fach Philosophie eine didaktischmethodische Symbiose ein.

Der Ertrag dieses wechselseitigen Nutzens liegt im Erwerb eines „vernetzten Wissens", das über die bloß reproduktive Anwendung hinaus zu komplexeren Zusammenhängen führt. Es erfüllt somit die Ansprüche des ganzheitlichen Lernens.

Eine solche fachübergreifende Vertiefung im und durch den Philosophieunterricht ist grundsätzlich an vielen Berührungspunkten mit den anderen Fächern möglich. Sie erwächst einerseits aus dem Wahrnehmungs- und Erfahrungshorizont der Schülerinnen und Schüler, andererseits aus dem fachspezifischen Erkenntnisinteresse.

Die folgenden Beispiele können je nach Schwerpunktsetzung und Organisationsform sowohl fachübergreifend als auch fächerverbindend angelegt werden. Die in Klammern genannten Fächer böten sich als Kopplungsfächer an.

Beispiele

11/II: Probleme der Bestimmung des Menschen (Biologie, Religionslehre, Kunst)
Ist der Mensch das Maß aller Dinge? Antworten der philosophischen Anthropologie
* Philosophische Deutungen des Menschen im Horizont von Natur und Kultur
* Die Deutung des Menschen im Horizont von Vernunft und Metaphysik.

12/I: Probleme des menschlichen Handelns (Biologie, Chemie, Religionslehre)
Grenzen der Naturwissenschaft? – Die Verantwortung des Wissenschaftlers (z. B. Gentechnologie)
* Traditionelles und modernes Wissenschaftsverständnis
* Verantwortung – Möglichkeiten und Grenzen
* Metaphysik und Naturwissenschaft.

12/II Probleme von Politik, Recht, Staat, Gesellschaft (Geschichte, Sozialwissenschaften, Fremdsprachen)

Menschenrechte – allgemeines Ideal oder abendländisches Herrschaftsinstrument?
- Menschenrechte und Aufklärung
- die Begründung von Recht und Gewalt in der philosophischen Tradition.

13/I, II: Probleme des Erkennens und Denkens (Biologie, Psychologie, Erziehungswissenschaft)
Was ist Erkenntnis?
- Realismus – Empirismus – Idealismus
- transzendentale und evolutionäre Erkenntnistheorie
- Zum Verhältnis von Subjekt und Objekt im Erkenntnisprozess
- Sprache und Denken.

13/I, II: Probleme von Kunst und Ästhetik (Kunst, Musik, Sozialwissenschaften, Deutsch)
Kunst und Gesellschaft
- Kunst und Wahrheit
- Zur Bedeutung des Geschmacksurteils
- Subjektivierung und Ästhetisierung.

Denkbar ist auch eine Beteiligung der Philosophie an Projekten, die nicht aus der Fachperspektive der Philosophie formuliert werden, aber mit dem Lehrplan Philosophie kompatibel sind.

Jede Variante verlangt eine exakt abgestimmte inhaltliche und schulorganisatorische Vorplanung: Konzeptabsprache, didaktische Grob- und Feinplanung, Blokkung gemeinsamer Stunden im Stundenplan. In jedem Fall werden die Qualität und Intensität des fachübergreifenden und fächerverbindenden Arbeitens im hohen Maße bestimmt von der Fachkompetenz, Kooperationsfähigkeit und -bereitschaft der Lehrerinnen und Lehrer sowie Schülerinnen und Schüler, schließlich auch von den personellen, sachlichen und organisatorischen Ressourcen der einzelnen Schule. Bei allen Formen des fachübergreifenden und fächerverbindenden Lernens bleibt entscheidend, dass die Solidität des Fachunterrichts nicht aufgegeben wird und die lernfördernden Organisationsformen des Unterrichts bei der gemeinsamen Arbeit vorab, aber auch im Prozess selbst ständig bedacht werden.

Projekttage oder eine Projektwoche sollen den Schülerinnen und Schülern die Möglichkeit geben, erlernte Arbeitsmethoden selbstständig anzuwenden und ein Problem aus der Perspektive mehrerer Fächer zu sehen. Projektveranstaltungen bieten auch die Gelegenheit zur Teamarbeit.

Projekte können aus den Lerninhalten der jeweils beteiligten Fächer erwachsen oder aktuelle Problemstellungen aufgreifen. Im Rahmen von Projekten mehrerer Kurse (kleinere Projektveranstaltungen, Projekttage oder Projektwochen), in denen Schülerinnen und Schüler unterschiedlicher Fächer gemeinsam an einer Themenstellung arbeiten, hat das Fach Philosophie einen verbindenden und fundierenden Beitrag zu leisten.

Zwar ist Philosophie nicht unmittelbar handlungsorientiert, sie kann gleichwohl aber Handlungsbegründungen auf allgemeine Prinzipien zurückbeziehen oder die in ei nem Projektvorhaben beteiligten Fachsystematiken unter metatheoretischen Fragestellungen reflektieren.

Folgende Themenbeispiele und Fächervorschläge sind denkbar:
- Wie erkennen wir die Welt und welche Rolle spielen dabei Konstruktionen von Wirklichkeit?
  - Philosophie: Probleme des Erkennens
  - Physik: Beobachtung von Natur und Auswertung des Beobachteten
  - Deutsch: Konstruktion und Dekonstruktion in fiktionalen Texten
- Der Epochenwechsel vom 19. zum 20. Jahrhundert
  - Philosophie: Krise der Metaphysik
  - Deutsch: Sprachkrise, Sprachkritik, Veränderungen in der Literatur
  - Kunst und Musik: Auflösung der klassischen Formensprache
  - Physik: Paradigmenwechsel
  - Erdkunde: Veränderung des Lebensraums.

Weitere Themenschwerpunkte für die Projektarbeit sind möglich. Ihre Auswahl und die fachübergreifende Umsetzung hängen vom Lernstand der Schülerinnen und Schüler wie auch von den unterrichtsorganisatorischen Rahmenbedingungen ab.

3.2.4 Die besondere Lernleistung

Mit der besonderen Lernleistung sollen herausgehobene Leistungen, die Schülerinnen und Schüler zusätzlich erbracht haben, im Rahmen der für die Abiturprüfung vorgesehenen Punktzahlen auch zusätzlich honoriert werden. Es muss sich um eine herausragende Leistung handeln. Dies hat auch in Art und Umfang der Darstellung bzw. der Dokumentation seinen Niederschlag zu finden. Die Kultusministerkonferenz hat als äußerliche Anhaltspunkte für die Wertigkeit den Rahmen bzw. den Umfang eines mindestens zweisemestrigen Kurses – dieses entspricht dem Äquivalent von maximal 60 Punkten – genannt.

Eine besondere Lernleistung kann z. B. sein: ein umfassender Beitrag aus einem von den Ländern geförderten Wettbewerb, es kann das Ergebnis eines über mindestens ein Jahr laufenden fachlichen oder fachübergreifenden Projektes sein. Es kann sich auch um eine größere Arbeit handeln, die sich aus dem Fachunterricht ergeben hat. Die besondere Lernleistung muss in Qualität und Umfang eine Facharbeit deutlich überschreiten. Sie soll außer- und innerschulische Möglichkeiten außerhalb der Unterrichtsvorhaben erschließen, etwa in Feldarbeit und Experiment, in der Arbeit in Archiven, Bibliotheken oder im Internet. Das Vorhaben soll eine klare Aufgabenstellung haben und eine nachvollziehbare Ausführungsebene (z. B. Produkt, Recherche, Versuch, Auswertung bzw. Reflexion).

Zur Bewertung der besonderen Lernleistung finden sich Ausführungen im Kapitel 5.5.

3.3 Grund- und Leistungskurse

Grund- und Leistungskurse tragen gleichermaßen dazu bei, das Ziel der Studierfähigkeit zu erreichen.

Grundkurse repräsentieren das Lernniveau der gymnasialen Oberstufe unter dem Aspekt einer grundlegenden wissenschaftspropädeutischen Ausbildung.

Sie sollen
- in grundlegende Fragestellungen, Sachverhalte, Problemkomplexe, Strukturen und Darstellungsformen eines Faches einführen
- wesentliche Arbeitsmethoden des Faches vermitteln, bewusst und erfahrbar machen
- Zusammenhänge im Fach und über dessen Grenzen hinaus in exemplarischer Form erkennbar werden lassen.

Leistungskurse repräsentieren das Lernniveau der gymnasialen Oberstufe unter dem Aspekt einer exemplarisch vertieften wissenschaftspropädeutischen Ausbildung.

Sie sind gerichtet
- auf eine systematische Beschäftigung mit wesentlichen, die Komplexität und den Aspektreichtum des Faches verdeutlichenden Inhalten, Theorien und Modellen
- auf eine vertiefte Beherrschung der fachlichen Arbeitsmittel und -methoden, ihre selbstständige Anwendung und theoretische Reflexion
- auf eine reflektierte Standortbestimmung des Faches im Rahmen einer breit angelegten Allgemeinbildung und im fachübergreifenden Zusammenhang.

Beide Kursarten basieren unverzichtbar auf dem Grundkursunterricht der Jahrgangsstufe 11.

3.4 Sequenzbildung und Kursplanung

3.4.1 Sequenzbildung

Bei der Planung von Unterricht ist die Unterrichtskontinuität von größter Bedeutung. In diesem Sinne umfasst das Sequentialitätsprinzip die Jahrgangsstufen 11 bis 13.

Fachliche Voraussetzungen für den Philosophieunterricht werden einerseits in den Fächern Deutsch, Religionslehre und „Praktische Philosophie" geschaffen, insofern diese Fächer die Schülerinnen und Schüler auf philosophische Fragestellungen vorbereiten, in Problembereiche einführen und in Ansätzen mit philosophischen Texten vertraut machen. Sofern Schülerinnen und Schüler im Kurs sind, die in der Mittelstufe „Praktische Philosophie" belegt haben, kann auf folgende Voraussetzungen aufgebaut werden, die sich insbesondere aus der Zielsetzung des Faches „Praktische Philosophie" ergeben:

- das Wissen über grundlegende Wert- und Sinnfragen, um religiöse, weltanschauliche und kulturelle Vorstellungen und über oberste Prinzipien des Denkens und Handelns
- die Fähigkeit und Bereitschaft, sich mit Fragen der Normen, Werte und des Sinns verantwortlich und argumentativ auseinander zu setzen und sich ein Urteil zu bilden.

Für die methodische Arbeit im Philosophieunterricht sind andererseits die folgenden Fähigkeiten und Fertigkeiten, die vor allem im Deutschunterricht bis zum Ende der Jahrgangsstufe 10 erworben werden, wichtig:

- Umgang mit Texten
  - unterschiedliche Textsorten durch analytische und produktive Verfahren erschließen, dazu Hilfsmittel angemessen nutzen
  - Textaussagen und -absicht erfassen
  - Aufbau und Struktur der Texte erkennen
  - die Ergebnisse angemessen mündlich und schriftlich darstellen
- Reden und Schreiben
  - situations-, sach- und partnerbezogen berichten und diskutieren
  - kürzere Beiträge in freier Rede liefern
  - Diskussionsergebnisse schriftlich oder mündlich zusammenfassen
  - Stundenprotokolle erstellen
  - kürzere Referate vorbereiten und mit Hilfe von Notizen selbstständig vortragen.

Die curriculare Aufgabe der Jahrgangsstufe 11

Die Aufgabe der Jahrgangsstufe 11 in ihrer allgemeinen Funktion ist im Kapitel 4 der Richtlinien beschrieben.

Die Schülerinnen und Schüler belegen in der Jahrgangsstufe 11 i.d.R. durchgehend 10 bis 11 Grundkurse (30 bis 33 Wochenstunden).

Der Unterricht folgt für die Jahrgangsstufen 11 bis 13 insgesamt einem Sequentialitätsprinzip. Dabei ergibt sich für die Jahrgangsstufe 11, dass sie die wissenschaftspropädeutische Vorbereitung für die Qualifikationsphase inhaltlich und methodisch übernehmen muss, d. h. dass gesorgt werden muss

- für eine breite fachliche Grundlegung
- für eine systematische Methodenschulung in fachlicher, fachübergreifender und kooperativer Hinsicht
- für Einblicke in die Anforderungen von Leistungskursen
- für Angebote zur Angleichung der Kenntnisse.

In der Jahrgangsstufe 11 muss die wissenschaftspropädeutische Schulung der Schülerinnen und Schüler, ausgehend von den vorhandenen Kenntnissen und Fähigkeiten, stärker als in der Sekundarstufe I in den Vordergrund treten. Dies geschieht im Philosophieunterricht, indem in die Lern- und Arbeitsformen, in die Methoden und Inhalte (Themen und Dimensionen) des Philosophieunterrichts durch besonders geeignete Beispiele (Kapitel 2.3) eingeführt wird.

Jeder Unterricht muss zielorientiert geplant und durchgeführt werden. Insofern muss Unterricht aufbauend verfahren, um den notwendigen Zuwachs an Wissen und Können bei den Schülerinnen und Schülern zu ermöglichen. Eine jahrgangsübergreifende Planung ist deshalb ebenso unabdingbar wie Flexibilität in der konkreten Unterrichtsgestaltung. Es kommt darauf an, das richtige Maß zu finden zwischen langfristiger Planung und situationsbezogenem Eingehen auf Entwicklungen innerhalb des Lerngeschehens. Sachlich und fachlich nicht angemessen ist ein „ad-hoc-Unterricht", der sich von zufälligen und situativ schwankenden Interessenverschiebungen und Wünschen der Lerngruppe leiten lässt. Die Schülerinnen und Schüler müssen lernen, die dauerhafte Anstrengung auf sich zu nehmen, die Philosophieren erfordert.

Weiter muss gewährleistet sein, dass Schülerinnen und Schülern nicht ein punktuelles Wissen vermittelt wird. Sie müssen vielmehr in die Lage versetzt werden, Zusammenhänge zu erfassen und zu erkennen. Darauf reagiert auch die Forderung nach fachübergreifendem Lernen. Solche Zusammenhänge sollen indes nicht nur zwischen den Fächern bzw. ihren Gegenständen hergestellt werden, sondern auch innerhalb eines Faches müssen die Unterrichtsgegenstände miteinander verzahnt sein. Im Fach Philosophie handelt es sich dabei in erster Linie um geistesgeschichtlich-systematische Zusammenhänge, die jedoch häufig auch in der Realgeschichte ihre Entsprechungen haben, sodass sich eine Berücksichtigung des Wechselverhältnisses von Geistes- und Realgeschichte anbietet.

Um die sachlich und fachlich angemessene Lernprogression sowie das Erfassen von Zusammenhängen zu gewährleisten, muss der Unterricht einen durchgehenden „roten Faden" verfolgen. Durch die im Lehrplan (Kapitel 2.2) entwickelten Dimensionen des Philosophieunterrichts ist eine Grundstruktur für die Planung vorgegeben. Darüber hinaus ist es notwendig, den Unterricht so zu gestalten, dass Schülerinteressen, die fachwissenschaftliche Systematik, didaktische und methodische Erfordernisse angemessen berücksichtigt werden.

Zur Sicherung der Schülerlaufbahnen bei Kurswechsel und Wiederholungen ist die Sequenzbildung an einer Schule durch die Fachkonferenz abzustimmen.

3.4.2 Kursplanung

In den folgenden Erläuterungen zur Kursplanung sind Philosophen und Themen aus unterschiedlichen Epochen und philosophischen Themenkreisen genannt. Diese Beispiele sind nicht als abschließender Katalog zu verstehen. Es empfiehlt sich, weitere Autoren von Rang sowie gewichtige Themen in die Unterrichtsplanung mit einzubeziehen und dabei künftig zugleich den unvermeidlichen Modernitätsrückstand auszugleichen. Für die Kursplanung bieten sich eine Reihe unterschiedlicher Planungsprinzipien an.

Planung gemäß Problemüberhängen

Bei diesem Verfahren wird davon ausgegangen, dass es möglich ist, die Geschichte der Philosophie nicht nur chronologisch-zufällig zu betrachten, sondern zugleich als systematischen Entwicklungsprozess, in dem die einzelnen Philosophen Probleme aufgreifen und einer Lösung zuführen wollten. Die folgende knappe Skizzierung hat natürlich nicht den Anspruch, die gesamte Geschichte der Philosophie zu rekonstruieren, sondern soll nur Hinweise darauf geben, dass es möglich ist, in unterschiedlichen Hinsichten Teile der Geschichte der Philosophie als eine Problementwicklung zu betrachten. So lässt sich zum Beispiel Platon als Ontologe verstehen, dessen philosophisches Bestreben es war, die Wahrheit der Ideen zu erkennen. Seine Lösung dieses Problems war die Konstruktion des ontologischen Dualismus. Diese Lösung indessen ist zugleich das (Überhang-) Problem, das Aristoteles aufgreift und in seinem metaphysischen Ansatz einer neuen Lösung zuführt. Dazu setzt er den νοῦς, die Kategorien etc. an. Auch diese Lösung ist zugleich wieder das Problem, und so wird dann schießlich von Descartes das Überhangproblem Metaphysik aufgegriffen und transformiert in Erkenntnistheorie, die ihrerseits einen neuen Dualismus impliziert, nämlich den von res extensa und res cogitans, der dann für Kant das Problem darstellt, das er mit seiner Lehre vom „Ding an sich" beheben will, was wiederum für Hegel Anlass ist, den neuen (erkenntnistheoretischen) Dualismus in eine Metaphysik des absoluten Geistes zu überführen, was dann Marx veranlasst, dem hegelschen Metaphysikum die Selbstbewegung der ökonomischen Sphäre unter kapitalistischen Bedingungen entgegenzusetzen, was wiederum für Nietzsche Anlass ist etc.

Solche Rekonstruktionen der Philosophiegeschichte vereinigen die chronologisch-historische Abfolge mit einer Systematik des philosophischen Denkens als Problem-, Lösungs- und Argumentationszusammenhang. Das Interesse an der Philosophiegeschichte ist entsprechend kein archäologisches, sondern ein argumentatives.

Im Sinne des fachübergreifenden und fächerverbindenden Lernens bietet sich bei diesem Verfahren die Zusammenarbeit mit dem Fach Geschichte an, sofern der Wechsel im Selbst- und Weltverständnis reale Auswirkungen hatte. Eine Zusammenarbeit mit dem Fach Physik ist dann naheliegend, wenn im Zuge des erkenntnistheoretischen Paradigmenwechsels bei Kant in der sogenannten „kopernikanischen Wende" die Relativitätstheorie hinzugezogen wird, um Kants Konzeption von Raum und Zeit als Vorstellungsformen zu erörtern. Dasselbe gilt für Roger Penroses Aufgreifen der Platonischen Ideenlehre, Gerhard Vollmers oder Rupert Riedls Aufarbeitung der biologischen Forschung innerhalb der „Evolutionären Erkenntnistheorie".

Beispiel 1): Gründungsprobleme der Wirklichkeit in Prinzipien

- Platons ontologischer Dualismus und die ontologische Depotenzierung der erscheinenden Welt
- Aristoteles´ Metaphysik und die Annahme des Metaphysikums des „Nous"

- Descartes´ Wende zur res cogitans und die Auflösung der Welt in Vorstellung
- Kants Transformation der Welt in Erscheinung als Rezeptionsleistung des transzendentalen Ich
- Hegels Überwindung des erkenntnistheoretischen Dualismus im absoluten Geist
- Marx´ Überführung des Metaphysikums „Geist" in die Selbstbewegung der Ökonomie
- Nietzsches Gründung von Vernunft und Geist im Willen zur Macht
- Heideggers Gründung der Gesamtheit des Seienden im Sein
- Vollmers Fundierung des „a priori" in der Evolution
- Wittgensteins Gründung der „Welt" in der Sprache
- Poppers „Drei Welten Theorie"
- Habermas: Das kommunikative Handeln
- Lyotard: Vom Monismus zum Pluralismus der „Postmoderne".

Beispiel 2): Freiheit, Gleichheit und Gerechtigkeit als Probleme politischer Philosophie

- Einstieg: Ausbrüche von Gewalt im politischen Alltag (Analyse des Sachverhalts und Problemaufweis)
- Der Ansatz des Thomas Hobbes: Der Naturzustand als Modell für die Anarchie der Freiheit. Text: Hobbes, Leviathan (1651), Kapitel 13
- Der Lösungsversuch des Thomas Hobbes: Die Sicherheitsgarantien des absoluten Staates. Text: Hobbes, Leviathan (1651), Kapitel 14; 17; 30
- Die Defizite der Hobbesschen Lösung: Die Ökonomisierung des Freiheitsbegriffs und der Machtanspruch des Staates. Text: Hobbes, Leviathan (1651), Kapitel 21
- Freiheit und Gleichheit in Kants Theorie des Rechtsstaates. Text: Kant, Das mag in der Theorie richtig sein, taugt aber nicht für die Praxis II: Vom Verhältnis der Theorie zur Praxis im Staatsrecht. Gegen Hobbes (1793)
- Das Problem sozialer und ökonomischer Ungleichheit als Desiderat in Kants politischer Philosophie
- Der Ansatz von John Rawls: Gerechtigkeit als Fairness. Texte: Rawls, Eine Theorie der Gerechtigkeit (1975), Kapitel 2 in Auszügen und ders., Politischer Liberalismus (1998), 1. und 8. Vorlesung.

Planung als Komposition unterschiedlicher, aber zusammenhängender Problembereiche

Bei dieser Planung wird davon ausgegangen, dass philosophische Probleme nicht isoliert behandelt werden können, sondern innerhalb des Ensembles der klassischen philosophischen Disziplinen mit unterschiedlichem Schwerpunkt erarbeitet werden müssen. So ist es für den Problembereich Ästhetik notwendig, zugleich erkenntnistheoretische Fragen zu erörtern, wenn es darum geht, was denn ein ästhetisches Urteil von einem Erkenntnisurteil und einem moralischen Urteil unterscheidet. Ontologische Fragestellungen ergeben sich, wenn das Problemfeld Schein und Wirklichkeit erarbeitet werden soll. Moralische Fragen ergeben sich, wenn Fragen der ästhetischen Wirkung erörtert werden, etwa bei Platons Kunstkritik oder

Aristoteles´ Theorem der Katharsis oder in der sozialistischen Kunst der Moderne. Eine solche Kompositionsplanung macht es jedoch erforderlich, dass hier die für die einzelnen Problembereiche herangezogenen Autoren in einen historisch-chronologischen und systematischen Zusammenhang gestellt werden, um zu verhindern, dass die von den Autoren argumentativ und diskursiv vorgetragenen Positionen von den Schülerinnen und Schülern als mehr oder weniger zufällige Meinungsäußerungen missverstanden werden können, die letztlich nicht mehr Gewicht haben als die eigenen Meinungen. Diesem Verfahren ist die Möglichkeit des fachübergreifenden Unterrichts immanent. Am Beispiel der Ästhetik ist die unmittelbare Zusammenarbeit mit den Fächern Kunst, Musik und Literatur augenfällig.

Beispiel: *Kunst zwischen Schönheit und Wahrheit*

* Platon: Kunst als Lüge und die Notwendigkeit ihrer Zensur
* Aristoteles: Kunst als Katharsis
* Kant: Das ästhetische Urteil
* Schiller: Der Staat als Kunstwerk
* Hegel: Kunst als anschauliche Wahrheit
* Marx: Kunst als Reflex der ökonomischen Basis
* Adorno: Kunst als Epiphanie der Wahrheit
* Gadamer: Der hermeneutische Zirkel
* Bense: Textästhetik.

Planung nach dem Prinzip der historisch-systematischen Vernetzung

Bei diesem Verfahren wird ein Problem in den Mittelpunkt gestellt, das dann von den unterschiedlichsten philosophischen Positionen her, d. h. vornehmlich von Schulen und historischen Epochen bis hin zur Gegenwart, beleuchtet wird. So kann es um das Problemfeld „Ethik" gehen, das in seinen Wandlungen von der Antike bis zur Gegenwart aufgegriffen werden kann: von Sokrates´ Frage nach der Lehrbarkeit der Tugend über Aristoteles´ dianoetische und ethische Tugend zu Kants Frage nach dem Guten an sich bishin zu Hans Jonas´ Erweiterung des kantischen Kategorischen Imperativs und zu den gegenwärtigen Versuchen, moralische Grundsätze und Handlungsanleitungen für den Umgang mit den neuen Technologien, etwa in der Chemie und der Medizin, zu finden.

Beispiel: *Das gute Leben*

* Sokrates: Die Lehrbarkeit der Tugend
* Platon: Gerechtigkeit und Sophrosyne
* Aristoteles: Arete und das Glück des bios theoretikos
* Bentham: Das größte Glück der größten Zahl
* Kant: Das höchste Gut und der kategorische Imperativ
* Jonas: Das Eigenrecht der Natur
* Arnold Gehlen: Moral und Hypermoral
* Max Scheler: Formale Ethik und materiale Wertethik

- Rawls: Gerechtigkeit als Fairness
- H. Arendt: Das tätige Leben.

Planung orientiert an einem Schlüsselbegriff

Begriffe, die im Rahmen einer philosophisch bedeutsamen Problemstellung eine besondere Rolle spielen, wie z. B. Arbeit, Freiheit, das Schöne usw., sind dazu geeignet, als Schlüsselbegriffe zur Grundlage für eine Kurs- oder Reihenplanung zu werden. Die geschichtliche Entwicklung eines solchen Begriffs, die aus unterschiedlichen kulturellen Kontexten erwachsene Betonung seiner Bedeutung, die Kontrastierung mit Gegenbegriffen und die Abgrenzung von verwandten Begriffen können hilfreiche Prinzipien einer solchen Planung sein, soweit sie sich nicht verselbstständigen, sondern der Konkretisierung des Rahmenthemas und der Strukturierung der Unterthemen dienen. Die entsprechenden Schlüsselbegriffe werden gerade wegen ihrer Bedeutsamkeit häufig die Grenzen des Rahmenthemas oder sogar die des Faches überschreiten. Sie sind daher auch als Ansatzpunkt für ein themen- ode fachübergreifende Arbeite geeignet das ein vernetztes Denken fördert.

Beispiel: Das Problem der Freiheit

- Freiheit als Bedingung der Möglichkeit verantwortlichen Handelns
- Die Infragestellung der Freiheit in empirischen Wissenschaften
- Freiheit und universaler Determinismus
- Freiheit und Orientierungssysteme
- Freiheit als Selbstbestimmung und Ermöglichungsgrund des Subjektes.

Planung gemäß problemorientierten Fragestellungen

Die Formulierung der Rahmenthemen legt es nahe, bei der Kursplanung von der Formulierung eines speziellen Problems innerhalb des Rahmenthemas auszugehen. Dabei bietet es sich ebenso an, die geschichtliche Entwicklung einer solchen Problemstellung und ihrer verschiedenen Lösungsversuche als ergänzendes Planungsprinzip zu nutzen, wie auch, die Fragestellung in verschiedene Teilfragen aufzufächern. Auch dabei werden sich Teilfragen ergeben, die über das Rahmenthema oder die Grenzen des Faches hinausreichen und Anknüpfungsmöglichkeiten für ein themen- oder fachübergreifendes Arbeiten bieten.

Beispiel: Politik als Frage nach der Rechtfertigung von Herrschaft

- Inner- und außerweltliche Legitimation (z. B. Kosmos, Schöpfungsordnung, Vertrag, Menschenrechte, Grundrecht, Geschichtsphilosophien, Geschichtsideologien)
- Rechtfertigung und Sicherung in Rechtsordnungen und staatlichen Institutionen
- Verhältnis von politischer Herrschaft, Kultur und Gesellschaft.

Planung auf der Grundlage eines Methodenproblems

Methodenorientierung als Prinzip der Sequenzbildung im Unterricht macht sich eine Eigentümlichkeit zunutze, die die Philosophie vor anderen Wissenschaften dadurch auszeichnet, dass sie stets die von ihr jeweils benutzte Methode mitreflektiert und in diesem Sinne beobachterorientiert ist. Die Lernerfahrung, dass unterschiedliche Fragestellungen die Anwendung unterschiedlicher Methoden nahe legen, die ihrerseits nur das Erreichen spezifischer, in ihrer Reichweite begrenzter Erkenntnisziele ermöglichen, fördert ein der interkulturellen Bildung nützliches Philosophieverständnis. Es ersetzt die metaphysische Idee der absoluten Wahrheit durch die Einsicht, dass nicht nur wissenschaftliche Weltbilder, sondern auch philosophische Weltauslegungen Modelle des Verstehens und Erklärens sind und auf reziproke Deutungen verweisen. Methodenpluralismus wird so nicht als epigonaler Relativismus, sondern als essentieller Bestandteil philosophischer Erkenntnisbemühungen erfahren.

Beispiel: Wahrheitsdefinitionen

Wahrheitstheorien
* korrespondenztheoretische
* kohärenztheoretische
* konsenstheoretische
* ontologische
* transzendentale
* konstruktivistische
* empirische.

Beispiel: Anthropologische Bestimmungen der Technik

* Der transzendentalphilosophische Ansatz (Fichte)
* Der biologisch-kompensatorische Ansatz (Gehlen)
* Der materialistisch-dialektische Ansatz (Marx)
* Der fundamentalontologische Ansatz (Heidegger).

Planung orientiert an einer Ganzschrift oder einem Autor

Bei der Auswahl einer Ganzschrift oder der Abfolge mehrerer Texte eines Autors sind folgende Aspekte zu beachten:
* Sind der Autor bzw. die Schrift grundlegend für die Entfaltung eines Problems oder einer Theorie?
* Bieten Autor und Text die Möglichkeit, einen Gedankengang in einem größeren Zusammenhang zu verfolgen?
* Wird vom Text das Problem klar dargestellt und ist die angebotene Problemlösung grundlegend?

- Lässt sich ein Teil der Schwerpunkte des zu behandelnden Rahmenthemas mit diesem Autor und Text realisieren?
- Bieten Autor und Text den Schülerinnen und Schülern die Möglichkeit, (teilweise) selbstständig zu Arbeitsergebnissen zu gelangen?
- Besteht die Möglichkeit, Autor und Text an die Interessen und Fragestellungen der Schülerinnen und Schüler anzubinden?

Beispiel: Poppers Konstruktion der Welt

- Verifikation und Falsifikation
- Das „Kübelmodell" und „Das Scheinwerfermodell der Erkenntnis"
- Die „Drei-Welten-Theorie"
- Das Ich und das Leib-Seele-Problem.

Die Planung eines Kurses auf der Grundlage einer Ganzschrift kann auch kombiniert werden mit der Planung auf der Grundlage eines Schlüsselbegriffs. So kann zum Beispiel die Behandlung von Kants Schrift „Zum ewigen Frieden" ihren Platz in einem Kursthema zum Schlüsselbegriff „Frieden" finden, wobei fachübergreifendes Arbeiten bis hin zu Projektthemen ihren Ausgangspunkt in der Bearbeitung der Ganzschrift finden können.

Die Planung orientiert an einer Epoche, einer Disziplin oder einer philosophischen Schule

Eine Planung, die sich an einer Epoche, einer Disziplin oder einer philosophischen Schule ausrichtet, muss neben der fachwissenschaftlichen Orientierung die Ausgangssituation der Schülerinnen und Schüler im Auge behalten und die damit verbundenen Entwicklungen der Lernziele, durch die erst im Verlauf des Unterrichts eine zunehmende methodische und inhaltliche Komplexität ermöglicht wird. So werden die fachliche Qualifikation der Schülerinnen und Schüler berücksichtigt und ihre Selbstständigkeit gefördert. Dabei ist ein historischer Aufbau der Unterrichtsreihe ebenso denkbar wie eine systematische. Zentrale Theorien und Epochen, die bedeutsame Wendepunkte und Neuansätze in der Entwicklung der Philosophie repräsentieren, sollen besonders beachtet werden.

Beispiel: Was ist Philosophie? – Einführung in die Philosophie am Beispiel der Antike

- Die Ablösung des Mythos durch den Logos
- Mythos/Religion, Wissenschaft, Philosophie
- Die Grundfragen der Philosophie
- Die Bedeutung der Philosophie in der Kultur und Gesellschaft.

Beispiel: Was ist der Mensch? – Die Antwort des Marxismus

- Mensch und Natur
- Mensch und Arbeit
- Der entfremdete Mensch
- Die Zukunft des Menschen.

Beispiel: Die Bedeutung der Menschenrechte – Die Aktualität der Aufklärung

- Naturrecht und Menschenrecht
- Die Emanzipation des Subjekts aus dem Geist der Aufklärung
- Staatsform und Menschenrechte
- Grenzen des Staates
- Aufklärung und Menschenrechte in unterschiedlichen Kulturen.

Bei allen Verfahren ist zu bedenken, dass das Lernen kein steter, linearer Prozess ist, der gemäß einer Lernzieltaxonomie verläuft, beim Einfachen beginnt und beim Komplexen endet. Vielmehr ist tatsächliches Lernen ein nicht-linearer, aktiv-konstruktiver und rekursiver Prozess, der nicht nur kognitiv, sondern im gleichen Maße auch affektiv vonstatten geht. Dies gilt es bei der Lerngestaltung so zu berücksichtigen, dass die Lernprogression der Schülerinnen und Schüler gesichert ist. Bei der Planung des Unterrichts sollte deshalb auf die Vernetzung und die Rückbezüglichkeit der Lernschritte geachtet werden. Dazu dient auch die sich oft anbietende Kombination von Planungsprinzipien. Sequenzbildung und Kursplanung sollten für die Schülerinnen und Schüler transparent sein und eine Beteiligung ermöglichen.

Beispiele für eine Kurssequenz von 11/I bis 13/II

Im Folgenden werden zwei Beispiele einer Kurssequenz von 11/I bis 13/II vorgestellt. Das erste Beispiel geht thematisch vor und stützt sich auf Textausschnitte verschiedener Autoren, die in leicht greifbaren Textsammlungen zu finden sind. Das zweite Beispiel zeigt, wie eine Kurssequenz von 11/I bis 13/II allein mit Ganzschriften bestritten werden kann. Die Beispiele sind aus tatsächlich erteiltem Unterricht erwachsen, sind also in der Praxis erprobt. Vorgelegt wird aber keine Unterrichtsplanung, die die gesamte Komplexität des didaktischen Dreiecks darlegt, vielmehr wird nur die Sachabfolge der Unterrichtsgegenstände erläutert.

1. Beispiel

11/I: Einführung in die Philosophie

Kursthema: Was ist Philosophie?

1. Vorstellungen aus der Alltagswelt:
   - Erwartungen und Vorwissen der Schülerinnen und Schüler

- Entwicklung der drei Fragen Kants an Alltagstexten und -beispielen (Zeitungstexte und/oder Texte aus G. Münnix: Wirklich, Klett. Leipzig 1995)
2. Zum Verhältnis von Mythos, Wissenschaft und Philosophie
   - Die Ablösung des Logos vom Mythos bei den Vorsokratikern (Beispieltexte in: Jostein Gaarder: Sophies Welt, Hanser, München 1993, oder Domenico Casamassima: Geschichte der Philosophie in Comics, Klett. Leipzig 1994 und/oder Originalfragmente der Vorsokratiker, hrsg. v. H. Diels, Hamburg 1957)
   - Wahrheit und Wirklichkeit (z. B. Bert Brecht: Das Leben des Galilei, Suhrkamp, Frankf./M. 1966, Seite 52 f.)
3. Exkurs: Methodenreflexion – Einführung in die Philosophische Textinterpretation
   - Problemstellung (Fragen)
   - Problemlösungsversuche (Antworten durch eigenes Nachdenken und Diskussion)
   - Befragen des Textes (Argumentationsgang entfalten)
   - Prüfen und Einordnen des Textes (Textinterpretation)
4. Der Philosoph und seine Aufgabe – Sokrates
   - Sokrates und seine Zeit (Referate: Griechenland zur Zeit des Sokrates – Die Sophisten – Sokrates und Platon)
   - Text: Platon: Die Apologie des Sokrates, Reclam 895
     - Die Rolle der Rhetorik (Wahrheit und Lüge)
     - Die Anklage gegen Sokrates (Philosophie und Religion im Staat)
     - Die Ironie des Sokrates (Gewissheit und Ungewissheit)
     - Die Aufgabe der Erziehung (Die Grenzen der Kritik)
     - Tod und Leben (Die Rolle der Philosophie)
   - Die großen Themen der Philosophie – Ergebnisse der Textlektüre (Entwicklung von Themen/Fragen von 11/II–13/II)

11/II: Probleme der Bestimmung des Menschen (Philosophische Anthropologie)

Kursthema: Was ist der Mensch?

1. Der Mensch – ein biologisches und philosophisches Problem
   - Folie:
     - Urmensch mit Maske, Titelgraphik des ZEIT-Magazins Nr. 16 vom 24.11.1984
   - Text:
     - Goethe. Das Göttliche, ders.: Werke, Hamburger Ausgabe, Hamburg 1962, Bd. 1, Seite 147
     - Kästner. Die Entwicklung der Menschheit, aus: Was nicht in euren Lesebüchern steht, Fischer TB, Frankfurt/M. 1975, Seite 123
     - Sophokles: Antigone V. 332–375 (übersetzt v. W. Jens) in: die ZEIT Nr. 20 vom 11.05.1984

2. Was unterscheidet den Menschen vom Tier?
   - Folie: Entwicklung des homo sapiens – Stufen der Entwicklung, mögliche Folgen der Entwicklung
3. Vernunft?
   Der Mensch, das „vernünftigste Wesen" in der Natur
   - Texte:
     - Aristoteles: Über die Teile der Tiere, hrsg. v. Alexander v. Frantzius, Neudruck der Ausgabe von 1853, Aalen 1978, IV 10; 686a–687b
     - ders.: Nikomachische Ethik, hrsg. v. Olof Gigon, Zürich, München 1967, X–7; 1177a–1178a
     - M.T. Cicero: De officiis (Von den Pflichten), Stoa und Stoiker, hrsg. v. M. Pohlenz, Zürich, Stuttgart 1950, I 4; 11–15
   (Exkurs: Wie verändert sich der Vernunftbegriff?)
   Die Grenzen der Vernunft:
   - Texte:
     - B. Pascal: Über die Religion und über einige andere Gegenstände (Pensèes), hrsg. v. E. Wasmuth, 8. Aufl. Heidelberg 1978, Nr. 46, 431, 347, 348
     - I. Kant: Der Charakter der Gattung, in: Anthropologie in pragmatischer Hinsicht, Werke in 6 Bänden, hrsg. v.W. Weischedel, Darmstadt, 4. Aufl. 1975, Bd. 6, Seite 672–690
   Das Gehirn als Organ der Vernunft?
   - Texte:
     - K.R. Popper/J.C. Eccles: Das Ich und sein Gehirn, München – Zürich 9. Aufl. 1990, Seite 559–563
4. Methodenreflexion – Vom Umgang mit schwierigen Texten
   - Präzisierung der Problemstellung
   - Klärung der Begriffe
   - Syntaktische Analyse
   - Rekonstruktion des Argumentationsganges
   - Einordnung in einen Gesamtzusammenhang
5. Sprache?
   Video-Film: Ein Schimpanse lernt sprechen – Unterschiede zwischen menschlichem und tierischem Sprachgebrauch
   Der natürliche Ursprung der Sprache – Sprache und Spracherkenntnis
   - Texte:
     - J. Locke: Über die Wörter und die Sprache im Allgemeinen, in: Versuch über den menschlichen Verstand (1690), übersetzt und eingeleitet v. C. Winckler, 2 Bde, Berlin 1962, Bd. 2, Seite 1–3
     - J. G. Herder: Der Ursprung der Sprache (1772) in: ders.: Zur Philosophie der Geschichte, hrsg. v. W. Harich, 2 Bde., Berlin 1952, Seite 355–362
   Sprache als symbolische Handlung
   - Text:
     - Umberto Eco: Zeichen. Der Mensch als symbolisches Wesen, in: Zeichen. Einführung in einen Begriff und seine Geschichte, Frankfurt/M. 1977, Seite 108–111

6. Religion?

Der Mensch, ein Geschöpf Gottes

* Folie:

Sündenfall von Lukas Cranach – Beschreibung und mögliche Deutung

* Texte:
  - AT: Genesis Schöpfungsbericht und Sündenfall, in: Die Heilige Schrift, Einheitsübersetzung, Katholische Bibelanstalt GmbH, Stuttgart 1980, 1,1– 3,24
  - Thomas v. Aquin: Summa theologica 1267–1273, in: ders.: Auswahl, übersetzt und eingeleitet von J. Pieper, Kösel-Verlag. München 1956
  - B. Pascal: Pensées, hrsg. v. E. Wasmuth, a.a..O., Nr. 194

Die Religion als eine Erfindung des Menschen

* Texte:
  - K. Marx: Einleitung zur Kritik der Hegel'schen Rechtsphilosophie, in: Werke in 40 Bänden, hrsg. vom Institut für Marxismus-Leninismus beim ZK der SED, Berlin 1957 ff.; Bd. 1, Seite 378–379
  - S. Freud: Die Zukunft einer Illusion, in: Freud: Studienausgabe, hrsg. v. A. Mitscherlich, A. Richards, J. Strachey, Frankfurt/M. 1982, Bd. IX, Seite 149–154

12/I   Probleme menschlichen Handelns (Ethik)

Kursthema: Wie frei ist der Mensch?

1. Absolute Freiheit oder absolute Unfreiheit?

* Texte:
  - ". P. Sartre: Die Fliegen, Dramen I, Rowohlt Tb 418, Reinbek 1961, III. Akt, 2. Szene
  - ders.: Ist der Existenzialismus ein Humanismus?, in: Drei Essays, Frankfurt o.J., Ullstein TB 304, Seite 7–36
  - B.F. Skinner: Jenseits von Freiheit und Würde, Reinbek 1973 (Auszüge), Seite 117–120, Seite 210, Seite 220

2. Freiheit und Vernunft

Die Verwirklichung der Freiheit in der Erkenntnis

* Texte:
  - Platon: Politeia, 514a–521b, in: Sämtliche Werke, hrsg. v. E. Grassi, Schleswig 1965, Bd. 3, Seite 224–229

Die Verwirklichung der Freiheit im Handeln (kategorischer Imperativ)

* Texte:
  - I. Kant: Bruchstücke eines moralischen Katechismus, in: Metaphysik der Sitten, in: Werke in sechs Bänden, hrsg. v. W. Weischedel, Darmstadt 1966, Bd. 4, Seite 620–623, darin auch:
  - Grundlegung zur Metaphysik der Sitten, a.a.O., Seite 45–61 (Auszüge) und Kritik der praktischen Vernunft, Von den Triebfedern der reinen praktischen Vernunft, a.a.O., Seite 204–212

Kritik am Freiheitsbegriff
- Texte:
  - Fr. Nietzsche: Jenseits von Gut und Böse (§ 32, § 202, § 203,§ 259)
  - Zur Genealogie der Moral II, § 2, in: Werke in drei Bänden, hrsg. v. K. Schlechta, München 1956, 2. Bd
3. Methodenreflexion – Textvergleich
- Präzisierung der Problemstellung
- Erarbeitung des Basistextes
- Erarbeitung des Vergleichstextes unter Berücksichtigung der Vergleichspunkte
- Bewertende Stellungnahme
4. Freiheit und Verantwortung
Gesinnungs- und Verantwortungsethik
- Text:
  - Max Weber: Politik als Beruf, in: Gesammelte Politische Schriften, hrsg. v. J. Winckelmann, Tübingen 1958, Seite 493–548 (Auszüge)
Gibt es eine universelle Verantwortung?
- Texte:
  - Hans Jonas: Das Prinzip Verantwortung (Vorwort und Textauszüge), st 1084, Frankfurt 1989
  - Hermann Lübbe: Die Begrenzung menschlicher Verantwortung, in: Verantwortung vor Gott, in: Peter Fauster et al. (Hrsg.): Verantwortung. Friedrich Jahresheft X, Seelze 1992, Seite 64f

12/II Probleme des Rechts, des Staates und der Gesellschaft (Staatsphilosophie)

Kursthema: Zur Geltung der Menschenrechte

1. Menschenrechte in der gegenwärtigen Diskussion
- Texte:
  - Naß: Nicht schweigen, wenn andere schrein, ZEIT 22.12.95, oder andere Texte
  - Die Menschenrechte in der Charta der UN, Die Kairoer Erklärung der Menschenrechte
2. Methodenreflexion – Diskussions- und Erörterungsverfahren
- Darlegung der Positionen
- Begründung der Positionen
- Klärung von Widersprüchen (Anfragen, Hinweise)
- Abwägen der Positionen
- Kritische Würdigung – Überprüfung der eigenen Position
3. Die Entwicklung der Menschenrechte in der Aufklärung: Menschenrechte und Bürgerrechte
- Texte:
  - Aristoteles: Politik, übersetzt v. Eugen Rolfes, 3. Aufl. Hamburg 1958,I 1–2; 1252a–1253 a, VII 1, 3; 1323a –1323b, 1325b

- J. Locke: Zwei Abhandlungen über die Regierung, hrsg. v. W. Euchner, Wien 1967, Seite 201–204, Seite 217–219

Vernunft als Grundlage der Menschenrechte
- Texte:
  - I. Kant: Idee zu einer allgemeinen Geschichte in weltbürgerlicher Absicht, besonders 4.–7. Satz, a.a.O., Bd. 6, Seite 37–45
  - G. W. F. Hegel: Grundlinien der Philosophie des Rechts, Theorie-Werkausgabe, hrsg. von E. Moldenhauer und K. M. Michel, Frankfurt 1970, Bd. 7, § 258, § 260
4. Menschenrechte und Widerstandsrecht
Zur Legitimation des Widerstandsrechts
- Texte:
  - W. Jens: Das ist ungeheuerlich – wo leben wir denn, in: FAZ 29.01.1985 (Verteidigungsrede vor dem Amtsgericht in Schwäbisch-Gmünd)
  - H. Lübbe: Staatsmacht und Widerstandsrecht; Originalbeitrag in: Bien/ Busch (Hrsg.): Staatsbürger – Bürgerstaat, Materialien für den Sekundarbereich II – Philosophie, Schroedel, Hannover 1991, Seite 114–117
  - Rawls: Die Rechtfertigung bürgerlichen Ungehorsams, aus: Gerechtigkeit als Fairness, hrsg. v. O. Höffe, Freiburg – München 1977, Seite 165–175

13/I Probleme von Kunst und Ästhetik

Kursthema: Kunst als Medium der Erkenntnis

1. Vorläufige Klärung des Kunstbegriffs und Entwicklung von Leitfragen
Besuch einer Ausstellung zur Kunst des 20. Jahrhunderts
- Text:
  - verschiedene Lexikonartikel
2. Zur gesellschaftlichen Funktion von Kunst
Kunst und Natur
- Text:
  - Fr. Petrarca: Die Besteigung des Mont Ventoux, Brief vom 26.04.1336, in: Petrarca-Preis 1975–1979, Vertrieb: Autorenbuchhandlung München, Seite 9–18

Bilder aus verschiedenen Jahrhunderten (z. B. Landschaften)
Kunst und Gesellschaft
- Text:
  - W. Benjamin: Das Kunstwerk im Zeitalter seiner technischen Reproduzierbarkeit, es 28, Frankfurt 1963, insbesondere die Kap. III–V, XI, XV und das Nachwort
3. Kunst als Nachahmung
- Texte:
  - Platon: Der Staat, in: Sämtliche Werke, a.a.O., Bd. 3, 398 a–b; 10,597b– 598d
  - Aristoteles: Poetik, hrsg. O. Gigon, Stuttgart 1969, (Auszüge aus Kapitel 1,4,9,25)

4. Die metaphysische Funktion der Kunst (Das Ideal der Schönheit)
   Schönheit und Wahrheit
   - Text:
     - Platon: Symposion, in: Sämtliche Werke, a.a.O., Bd. 2, 210a–212a (Phaidros 249b–250c, Bd. 4, a.a.O.)
   Schönheit und Sittlichkeit
   - Texte:
     - I. Kant: Kritik der Urteilskraft (Auszug: § 1,2,40,59), in: Werke in 6 Bänden, a.a.O., Bd. 5, Seite 279–281; Seite 388–392, Seite 463–465
     - Fr. Schiller: Über die ästhetische Erziehung des Menschen in einer Reihe von Briefen, 26. und 27. Brief, in: Sämtliche Werke, hrsg. v. G. Fricke und H. G. Göpfert, München 1980, Bd. 5, Seite 655–669
     - G.W.F. Hegel: Vorlesungen über die Ästhetik, Theorie-Werkausgabe, a.a.O., Bd. 13, Seite 20–26, S. 140–142, Seite 151 f
5. Zur Kritik an der metaphysischen Funktion der Kunst
   Autonomie der Kunst
   - Texte:
     - G. Benn: Können Dichter die Welt ändern?, in: Das Hauptwerk, Bd. IV, Wiesbaden 1980, Seite 177–180
     - W. Kandinsky: Kunst und Natur, in: Dokumente zum Verständnis der modernen Malerei, hrsg. v. W. Hess, Reinbek 1956, Seite 77 f., Seite 86 f
   Kritik am idealistischen Kunstbegriff
   - Texte:
     - H. Marcuse: Über den affirmativen Charakter der Kultur (Auszug), in: Kultur und Gesellschaft I, es 101, Frankfurt/M. 1965, Seite 82 f, 85 f
     - J. Beuys: Der soziale Organismus als Kunstwerk, in: Katalog der Dokumenta VI, Bd. I, Kassel 1977, Seite 156 f
   Kunst und Lüge
   - Text:
     - Nietzsche: Über die Wahrheit und Lüge im außermoralischen Sinn (Auszug), in: Werke in drei Bänden, a.a.O. Bd., 3, Seite 309–322. Aus dem Nachlass der achtziger Jahre; Die Kunst in der „Geburt der Tragödie" I,II, a.a.O. Bd. 3, Seite 691f

13/II: Probleme der Erkenntnis (Erkenntnistheorie)

1. Irritationen im Erkenntnisprozess – Problemstellung
   - Text:
     - M. Foucault: Die Ordnung der Dinge, Vorwort, stw 96, Frankfurt/M. 1974, Seite 17f
2. Erkenntnis als Wiedererinnerung
   - Text:
     - Platon: Menon, in: Sämtliche Werke, a.a.O., Bd. 2, 81d–86c

3. Zweifel als Grundlage der Erkenntnis
   - Texte:
     – R. Descartes: Von der Methode I 10–12, 14–15, II 14–19 und IV, übersetzt und hrsg. v. L. Gäbe, Hamburg 1960 (Philosophische Bibliothek Meiner, Bd. 26a)
   und/oder
   Erkenntnis und Erfahrung
   - Text:
     – J. Locke: Über den menschlichen Verstand I, übersetzt und eingeleitet von C. Winkler, a.a.O., 1 §1,I 2 §1–§5
4. Erkenntnistheorie und Metaphysik
   - Text:
     – Kant: Kritik der reinen Vernunft, Vorrede zur 2. Auflage, in: Werke in 6 Bänden, a.a.O., Bd. 2, Seite 20 –26, Seite 33–36
5. Biologische Grundlagen der Erkenntnis – die evolutionäre Erkenntnistheorie
   - Texte:
     – Dieter E. Zimmer: Ich bin, also denke ich – Die biologischen Wissenschaften haben sich in die Philosophie eingemischt, aus: Die ZEIT, Nr. 24, 06.06.1980, Seite 35
     – K. Lorenz: Die Rückseite des Spiegels, München 1984, Seite 17–19, Seite 20–24, Seite 33, Seite 128
     – G. Vollmer: Evolutionäre Erkenntnistheorie, Stuttgart 1983, Seite 170–172

2. Beispiel

Auch die folgende Unterrichtsreihe ist aus tatsächlich erteiltem Unterricht erwachsen, also in der Praxis erfolgreich erprobt. Dabei handelt es sich um Standardtexte der Philosophie, die jedoch ergänzt werden von Texten bzw. der Referierung philosophischer Positionen, die sich auf die Weiterentwicklung oder Kontrastierung der im Grundtext besprochenen Probleme beziehen.

11/I: Einführung in die Philosophie

Kursthema: Der methodische Zweifel als Prinzip des Philosophierens
Textgrundlage: René Descartes: Meditationes de Prima Philosophia (Meditationen über die Erste Philosophie)

1) Einstieg:
   - Logische Denkspiele zur Einführung der philosophischen Methode
   - Anfänge und Gründe des philosophischen Denkens am Beispiel der Vorsokratiker
   - Der Begriff der Meditation und der Wissenschaft
2) Descartes´ Ansatz
   - Rechtfertigungsinstanzen des Denkens und Handelns in der Antike, im Mittelalter und in der Neuzeit
   - Überwindung des Zusammenbruchs des Mittelalters
   - Wissenschaft als Ziel der cartesischen Meditationen

3) Descartes´ Position
  - Die Quellen möglicher Erkenntnis
  - Der Zweifel an der Tradition
  - Der empirische Zweifel an den Sinnen
  - Der metaphysische Zweifel
4) Exkurs:
  - Empirische Kontrolle und mathematische Beweisführung
  - Der „Wahrheitsanspruch" der Mathematik
  - Semiotik (Syntax, Semantik, Pragmatik)
5) Weiterführung der cartesischen Argumentation
  - Der methodische Zweifel
  - Der „genius malignus" als Weltprinzip
6) Exkurs: Einführung der philosophischen Textinterpretation
  - Problemstellung
  - Problemlösung
  - Argumentationsgang
  - Exemplarische Textinterpretation
7) Weiterführung der cartesischen Argumentation
  - Das Traumargument
  - Der methodische Solipsismus
  - Der „archimedische Punkt" der Sicherheit der Ungewissheit
  - Wahrheit und Gewissheit
8) Exkurs: Wahrheitstheorien
9) Weiterführung der cartesischen Argumentation
  - Die „res cogitans" und die Vollzugsgewissheit
  - Der sich selbst bezweifelnde Zweifel
  - Die „Kübeltheorie des Bewusstseins" nach Popper und Bewusstsein als Denkvollzug
  - Die cogitationes und die Außenwahrnehmung
  - Die Auflösung der objektiven Welt in subjektive Vorstellungen
  - „clare et distincte" als mentale Gattungsbezeichnungen
10) Exkurs: Substanz und Akzidens nach Aristoteles
11) Weiterführung der cartesischen Argumentation
  - Das Wachsbeispiel
  - Descartes´ Gottesbeweis
12) Exkurs:
  - Gott als causa sui
  - Gottesbegriff bei Aristoteles (unbewegter Beweger)
  - Das Theodizeeproblem

11/II: Probleme der Bestimmung des Menschen (Philosophische Anthropologie)

Kursthema: Existenz als Gattungsmerkmal menschlichen Seins
Textgrundlage: Jean-Paul Sartre: Ist der Existenzialismus ein Humanismus?

1) Einstieg
   - Die Entwicklung des Humanismus aus der Antike
   - Wandel des Subjektbegriffs
   - Der Mensch als vernünftiges Gattungswesen
2) Der Ansatz Sartres
   - Begriff der Existenz und der Essenz
   - Der Vorrang der Existenz
3) Sartres Position
   - Die Rekonstruktion der Biographie
   - Die Selbstdefinition des Menschen durch sein Handeln
   - Die Symmetrie von Selbst- und Weltverständnis
4) Exkurs: Arbeitsbegriff von Marx (Subjekt- und Objektproduktion)
5) Weiterführung der Argumentation Sartres
   - Der (Zukunfts-) Entwurf
   - Der ursprüngliche Entwurf
   - Die Symmetrie von (Zukunfts-) Entwurf und rekonstruierender Selbstinterpretation
6) Exkurs: Hegels Begriff der Anerkennung aus der „Herr-Knecht-Dialektik"
7) Weiterführung der Argumentation Sartres
   - Die Verantwortung für sich selbst
   - Die Verantwortung für andere
   - Vernunft als Gattungsmerkmal und Voraussetzung der allgemeinen Verantwortung
   - Angst und Verantwortung
8) Exkurs: Die Autonomisierung der Vernunft bei Sokrates und in der Moderne
9) Weiterführung der Argumentation Sartres
   - Die Begründung der universellen Verantwortung im Vernunftpostulat
   - Die Transsubjektivität der Vernunft und Verantwortung
   - Die Bindung der Menschheit im Handeln
10) Exkurs: Der Ist-Soll-Hiatus
11) Weiterführung der Argumentation Sartres
   - Freiheit als anthropologische Grundkonstante
   - Geworfenheit und Verurteilung zur Freiheit
   - Die Würde des Menschen als seine ontologische Freiheit

12/I: Probleme des menschlichen Handelns (Ethik)

Kursthema: Das höchste Gut als oberstes Handlungsprinzip
Textgrundlage: Immanuel Kant: Grundlegung zur Metaphysik der Sitten

1) Einstieg
   * Ist- und Soll-Sätze
   * Begründungsfiguren menschlichen Handelns
   * Der naturalistische Fehlschluss
   * Der Begriff der Ethik bei Homer und Aristoteles
2) Der Ansatz Kants
   * Das Erkenntnisziel der „Grundlegung"
   * Das Gute als der gute Wille
   * Die erste Bestimmung des guten Willens
3) Exkurs: Kausales und teleologisches Denken
4) Kants Position
   * Der Ansatz des Pflichtbegriffs zur Erläuterung des guten Willens
   * Der Selbstwiderspruch in der Begründung des Selbstmordes in der Freiheit
   * Handlung zwischen Pflicht und Neigung
5) Exkurs: Gesinnungs- und Verantwortungsethik
6) Weiterführung der Argumentation Kants
   * Die beiden ersten Grundsätze der Moral
   * Das apriorische Denken
   * Der dritte moralische Grundsatz
   * Die Intersubjektivität des Pflichtbegriffs
   * Freiheit und Würde des Menschen
   * Der gute Wille und das Sittengesetz
   * Erste Formulierung des Sittengesetzes
7) Exkurs: Orientierungslosigkeit und oberste Werte
8) Weiterführung der Argumentation Kants
   * Die Überführung von Maximen in Gesetze
   * Das Beispiel der Notlüge
   * Die Anwendung von Prinzipien auf die Wirklichkeit
   * Exkurs: Die Vernünftigkeit des Menschen, die Aufklärung und die Argumentationskultur
9) Weiterführung der Argumentation Kants
   * Die Notwendigkeit der apriorischen Begründung des Sittengesetzes
   * Die apriorische Struktur sittlicher Begriffe
   * Der Wille als Vermögen zwischen Neigung und Pflicht
   * Der hypothetische und der kategorische Imperativ
   * Die reflexive Struktur des kategorischen Imperativs
10) Ausblick:
   * Die Erweiterung des kategorischen Imperativs um die Natur und die Zukunft (Hans Jonas)
   * Kant als Individualethiker
   * Utilitarismus

12/II: *Probleme des Rechts, des Staats und der Gesellschaft (Staatsphilosophie)*

Kursthema: Die Konstruktion des Staates in der Gerechtigkeit und Freiheit
Textgrundlage: Platon: Politeia

1) Einstieg
   * Die historischen und geistesgeschichtlichen Voraussetzungen Platons
2) Der Ansatz Platons:
   * Die Gründung des Staats im Bedürfnis
   * Die Organisation der Bedürfnisse
3) Exkurs: Der Begriff des Bedürfnisses bei Herbert Marcuse
4) Die Position Platons
   * Die drei Stände
5) Exkurs:
   * Das Klassenmodell nach Marx
   * Das soziologische Schichtenmodell
6) Weiterführung der Argumentation Platons
   * Der Mythos der Selbstüberredung der Herrschenden
   * Tugendlehre
   * Weisheit und Tugend
   * Gerechtigkeit als Ziel der Polis
   * Weisheit und Tapferkeit
   * Gerechtigkeit als relationale Größe
7) Exkurs: Absolute Gerechtigkeit und Chancengleichheit heute
8) Weiterführung der Argumentation Platons
   * Periagogé und Erkenntnis
   * Der ontologische Dualismus
   * Begriff der Idee
   * Anamnesislehre
   * Ontologische Depotenzierung und Wahrheitsverlust des erscheinenden Seins
   * Die oberste Idee und die Hypothesen
   * Die Auflösung der Privatheit durch Frauengemeinsamkeit
   * Die Struktur des staatlichen Wandels
   * Der Übergang von der Oligarchie in die Demokratie durch Revolutionierung der obersten Rechtfertigungsinstanzen
9) Exkurs: Selbstbegrenzung der Freiheit, Pluralismus und Beliebigkeit
10) Weiterführung der Argumentation Platons
   * Der Übergang der Demokratie in die Tyrannis
   * Die Tyrannis als Wahrheit der Demokratie

13/I: Probleme der Metaphysik

Kursthema: Die Metaphysik des Lebens
Textgrundlage: Friedrich Nietzsche: Der Wille zur Macht (aus dem Nachlass)
1) Einstieg
   • Historischer Hintergrund
   • Biographische Anmerkungen zu Nietzsche
   • Rezeption Nietzsches
2) Der Ansatz Nietzsches
   • Der Pessimismus
   • Der Nihilismus
   • Die Dekadenz
3) Nietzsches Position
   • Die Notwendigkeit des Nihilismus
   • Transzendente und transzendentale Obdachlosigkeit (Lukács)
4) Exkurs: Die Kompensation des Nihilismus in totalitären Systemen und im Konsum
5) Weiterführung der Argumentation Nietzsches
   • Die Selbstzerstörung des Christentums und die ontologische Depotenzierung der Wahrheit
6) Exkurs: Sinnstiftung durch Reduzierung von Komplexität
7) Weiterführung der Argumentation Nietzsches
   • Die Moral der Starken
   • Die Kompensation der Schwäche in der Moral
8) Exkurs: Hermeneutik und die Welt als selbstreferentielles System
9) Weiterführung der Argumentation Nietzsches
   • Geschichtskonstruktionen
   • Die Denkfigur der Ewigen Wiederkehr des Gleichen
   • Entzeitlichung und Enträumlichung
   • Die finale Konstruktion der Geschichte
   • Die Lösung des moralischen und ontologischen Widerspruchs im Kreismodell
   • Die reflexive Struktur der Rechtfertigung
10) Exkurs: Die Evolutionstheorie als Modell der ziellosen Zielstrebigkeit
11) Weiterführung der Argumentation Nietzsches
   • Der Wille zur Macht als universelles Weltprinzip
   • Lust und Glück als Derivate des Willens zur Macht
   • Dionysos als der transzendenzlose Gott gegen die distanzierende Transzendenz Apollos
12) Exkurs: Die Institutionen und die Vernunft als Rechtfertigungsinstanzen (Arnold Gehlen)
13) Weiterführung der Argumentation Nietzsches
   • Die christliche Kirche als Institution der Herrschaft der Schwachen
   • Antidarwinismus
   • Die eindimensionale Welt und die Perspektive
   • Der Übermensch als Überwindung des Nihilismus
14) Exkurs: Herr-Knecht-Dialektik (Hegel)

15) Weiterführung der Argumentation Nietzsches
- Die Eindimensionalität der Welt
- Das Leben und die Natur als Legitimationsprinzipien
- Die Zirkularität von „Wille zur Macht" und Leben

13/II: Ontologie

Kursthema: Das Problem von Sein und Nichts
Textgrundlage: Martin Heidegger: Was ist Metaphysik?

1) Einstieg
   - Historisch-systematischer Hintergrund zu Heidegger
   - Ontologie, Metaphysik und Erkenntnistheorie
2) Der Ansatz Heideggers
   - Heideggers (verleugneter) Ansatz in der Anthropologie
   - Wissenschaft und Fundamentalontologie
   - Seinsvergessenheit (Rückgriff auf Platon)
3) Heideggers Position
   - Die ontologische Differenz
   - Fundamentalontologie
   - Dasein und Verstehen
   - Der hermeneutische Zugriff auf das Sein
4) Exkurs: Grundbegriffe der Hermeneutik
5) Weiterführung der Argumentation Heideggers
   - Der Mensch ist seines Grundes nicht mächtig
   - Dasein als Endlichkeit
   - Seiendes und Nichtseiendes, Sein und Nichts
6) Exkurs: Hegels Sein-Nichts-Dialektik
7) Weiterführung der Argumentation Heideggers
   - Die transzendentale Struktur des Nichts
   - Die romantische Zerrissenheit zwischen Versöhnung und Unbehaustheit
   - Die Existenz als Vorlaufen in den Tod
   - Langeweile
   - Sorge als Existenzial
   - Angst und Furcht
   - Die Erweckung der Eigentlichkeit aus dem „Man"
   - Das Nichts und das Seiende
   - Der ontologische Vorrang des Nichts

4 Lernerfolgsüberprüfungen

4.1 Grundsätze

Die Grundsätze der Leistungsbewertung ergeben sich aus den entsprechenden Bestimmungen der Allgemeinen Schulordnung (§§ 21 bis 23). Für das Verfahren der Leistungsbewertung gelten die §§ 13 bis 17 der Verordnung über den Bildungsgang und die Abiturprüfung in der gymnasialen Oberstufe (APO-GOSt).

Die Leistungsbewertung ist Grundlage für die weitere Förderung der Schülerinnen und Schüler, für ihre Beratung und die Beratung der Erziehungsberechtigten sowie für Schullaufbahnentscheidungen.

Folgende Grundsätze der Leistungsbewertung sind festzuhalten:
- Leistungsbewertungen sind ein kontinuierlicher Prozess. Bewertet werden alle von Schülerinnen und Schülern im Zusammenhang mit dem Unterricht erbrachten Leistungen (vgl. Kapitel 4.2 und 4.3).
- Die Leistungsbewertung bezieht sich auf die im Unterricht vermittelten Kenntnisse, Fähigkeiten und Fertigkeiten. Die Unterrichtsziele, -gegenstände und die methodischen Verfahren, die von den Schülerinnen und Schülern erreicht bzw. beherrscht werden sollen, sind in den Kapiteln 1 bis 3 dargestellt.

Leistungsbewertung setzt voraus, dass die Schülerinnen und Schüler im Unterricht Gelegenheit hatten, die entsprechenden Anforderungen in Umfang und Anspruch kennen zu lernen und sich auf diese vorzubereiten. Die Lehrerinnen und Lehrer müssen ihnen hinreichend Gelegenheit geben, die geforderten Leistungen auch zu erbringen.

- Bewertet werden der Umfang der Kenntnisse, die methodische Selbstständigkeit in ihrer Anwendung sowie die sachgemäße schriftliche und mündliche Darstellung. Bei der schriftlichen und mündlichen Darstellung ist in allen Fächern auf sachliche und sprachliche Richtigkeit, auf fachsprachliche Korrektheit, auf gedankliche Klarheit und auf eine der Aufgabenstellung angemessene Ausdrucksweise zu achten. Verstöße gegen die sprachliche Richtigkeit in der deutschen Sprache werden nach § 13 (6) APO-GOSt bewertet.
- Bei Gruppenarbeiten muss die jeweils individuelle Schülerleistung bewertbar sein.
- Die Bewertung ihrer Leistungen muss den Schülerinnen und Schülern auch im Vergleich mit den Mitschülerinnen und Mitschülern transparent sein.
- Im Sinne der Qualitätsentwicklung und Qualitätssicherung sollen die Fachlehrerinnen und Fachlehrer ihre Bewertungsmaßstäbe untereinander offen legen, exemplarisch korrigierte Arbeiten besprechen und gemeinsam abgestimmte Klausur- und Abituraufgaben stellen.
- Die Anforderungen orientieren sich an den im Kapitel 5 genannten Anforderungsbereichen.

4.2 Beurteilungsbereich „Klausuren"

4.2.1 Allgemeine Hinweise

Klausuren dienen der schriftlichen Überprüfung der Lernergebnisse in einem Kursabschnitt. Sie sollen darüber Aufschluss geben, inwieweit im laufenden Kursabschnitt gesetzte Ziele von den Schülerinnen und Schülern erreicht worden sind. Sie bereiten auf die komplexen Anforderungen in der Abiturprüfung vor.

Wird statt einer Klausur eine Facharbeit geschrieben, wird die Note für die Facharbeit wie eine Klausurnote gewertet.

Zahl und Dauer der in der gymnasialen Oberstufe zu schreibenden Klausuren gehen aus der APO-GOSt hervor.

4.2.2 Fachspezifische Hinweise zur Aufgabenstellung, Korrektur und Bewertung von Klausuren/Facharbeiten

Die Klausur

Allgemeine Hinweise

Die Anforderungen in den Klausuren sollten so beschaffen sein, dass sie eine selbstständige Anwendung von im Unterricht erprobten Verfahrensweisen der Problem- und Positionserschließung sowie der Argumentation bei gleichzeitiger inhaltlicher Bindung an behandelte Problembereiche, Denkweisen und Begrifflichkeiten ermöglichen. Es kann nicht erwartet werden, dass sich Schülerinnen und Schüler in einer Klausur völlig neue Dimensionen des Denkens erschließen oder gar fachspezifische Probleme lösen, die in der philosophischen Tradition bisher nicht gelöst worden sind.

Die Aufgabenstellung sollte sich allmählich auch hinsichtlich der Anforderungsbereiche den für die Abiturprüfung vorgesehenen Aufgabenarten nähern (vgl. Kapitel 5.3.1). Sie ist so zu formulieren, dass bei ihrer Bearbeitung die notwendige Balance zwischen reproduktiven Gedächtnisleistungen und selbstständigen Denkleistungen eingehalten werden kann. Die Rekonstruktion von im Unterricht erworbenen Kenntnissen stellt keinen Eigenwert dar, sondern gewinnt ihre Bedeutung nur im Rahmen des für die Lösung der Aufgabenstellung erforderlichen Gesamtprozesses des Begreifens, Erörterns und Beurteilens der zur Diskussion stehenden Problematik.

Eine bloße Paraphrasierung der Textvorlage ist im Bereich des Begreifens keine ausreichende Leistung. Des Weiteren ist zu beachten, dass eine bloße Meinungsäußerung nicht die Anforderungen einer begründeten Stellungnahme erfüllt, denn die Gesinnung der Schülerin bzw. des Schülers darf nicht zum Gegenstand der Beurteilung werden. Im Anforderungsbereich „Urteilen" kann es deshalb sinnvollerweise nur um den Versuch gehen, Möglichkeiten und Grenzen von Theorienansätzen und Methoden von einem philosophisch vermittelten Standpunkt aus in einer selbstständigen Denk- und Argumentationsleistung sachlich einzuschätzen.

Die genannten Kriterien sind auch bei der Lösung problemgebundener Aufgaben zu erfüllen, wenngleich hier den differenzierenden Entfaltungsmöglichkeiten der Schülerinnen und Schüler ein größerer Spielraum eingeräumt werden sollte, als dies im Zusammenhang mit textgebundenen Aufgaben möglich ist.

Bei der Interpretation philosophischer Texte sind prinzipiell zwei Möglichkeiten der Aufgabenstellung zu unterscheiden:
- die Vorgabe von konkreten inhaltlichen und methodischen Arbeitsaufträgen, die sich auf die jeweilige Textvorlage beziehen
- die Vorgabe einer standardisierten Aufgabenstellung gemäß den grundsätzlichen Schritten einer philosophischen Textinterpretation, die die Darstellung von Problemstellung, Problemlösung, Argumentationsgang und Kritik des Textes verlangt (vgl. Kapitel 3.2.2).

Vorrangige **Beurteilungskriterien** sind:
- die Beachtung der Arbeitsaufträge
- die Korrektheit, Komplexität und Differenziertheit der inhaltlichen Ausführungen
- der Grad der Selbstständigkeit und der Richtigkeit in der Anwendung von Kenntnissen und Methoden
- die begriffliche Klarheit und sprachliche Angemessenheit der Darstellung.

Zur Kennzeichnung der Fehler dienen die gängigen Korrekturzeichen. Da Korrekturen immer auch als Hilfen für die Schülerinnen und Schüler zur Weiterarbeit zu verstehen sind, sollen einerseits Fehler und Defizite sachlich erläutert, andererseits besonders gute Teilleistungen aber auch hervorgehoben werden.

Das Gesamturteil ist in einer Note zusammenzufassen und nachvollziehbar zu begründen.

Die Klausuren sind so bald wie möglich, spätestens aber bis zum Ende des jeweiligen Kursabschnitts zu korrigieren und zu benoten, den Schülerinnen und Schülern zurückzugeben und zu besprechen. Vor der Rückgabe und Besprechung der Klausur oder am Tage der Rückgabe darf im gleichen Kurs keine neue Klausur geschrieben werden.

Die Facharbeit

Die für die Klausuren geltende fachspezifische Beschreibung der Anforderungsbereiche ist sinngemäß auch auf die Facharbeit zu übertragen. Hinzu kommt, dass die Aufgabenstellung so abgefasst sein soll, dass im Zuge ihrer Bearbeitung das Erlernen studienvorbereitender Arbeitstechniken und die Fähigkeit zur längerfristigen Planung erlernt und in der schriftlichen Darstellung nachgewiesen werden müssen. Dies setzt – ungeachtet des zwingend zu berücksichtigenden Unterrichtsbezugs – einen deutlich höheren Komplexitätsgrad der Thematik voraus, als dies in Klausuren möglich ist.

Im Rahmen von Facharbeiten sollen philosophische Problemlösungen hinsichtlich ihrer Tragfähigkeit zumindest ansatzweise überprüft werden, was einen selbstständig sichtenden Umgang mit wirkmächtigen Deutungsansätzen der philosophischen Tradition und die Beurteilung ihres Verhältnisses zueinander einschließt. Die dabei benutzte fachwissenschaftliche Literatur (Lexika, Monographien, Einzeluntersuchungen, Philosophiegeschichten) darf nicht nur wertungsfrei exzerpiert oder paraphrasiert werden. Ihre Zahl ist begrenzt zu halten und sollte, was den Inhalt betrifft, repräsentativ sein. Bei ihrer Auswahl sind die Schülerinnen und Schüler in der Regel auf den Rat der Lehrerin bzw. des Lehrers angewiesen.

Es ist wünschenswert, dass die Arbeitsergebnisse in einem Thesenpapier zusammengefasst und so der Lerngruppe insgesamt für eine weiterführende Diskussion zugänglich gemacht werden.

Bei der Bewertung der Facharbeit und der Erteilung einer Leistungsnote gemäß § 25 ASchO, sind die Gesichtspunkte zu berücksichtigen, die im Kapitel 4.2.2 aufgelistet worden sind. Darüber hinaus sind die folgenden fachspezifischen Gesichtspunkte zu berücksichtigen:

- Beachtung des Themas und Geeignetheit der ausgewählten Materialien (Primär- und Sekundärliteratur)
- der Grad an inhaltlicher und methodischer Selbstständigkeit bei der Erarbeitung
- Differenziertheit der entfalteten Problematik
- Beachtung und Benennung ungelöst gebliebener Problemüberhänge
- gedankliche Stringenz und begriffliche Genauigkeit der Darstellung
- gegliederte und geordnete Darstellung
- sprachliche und formale Angemessenheit.

4.3 Beurteilungsbereich „Sonstige Mitarbeit"

4.3.1 Allgemeine Hinweise

Dem Beurteilungsbereich „Sonstige Mitarbeit" kommt der gleiche Stellenwert zu wie dem Beurteilungsbereich Klausuren. Im Beurteilungsbereich „Sonstige Mitarbeit" sind alle Leistungen zu werten, die eine Schülerin bzw. ein Schüler im Zusammenhang mit dem Unterricht mit Ausnahme der Klausuren und der Facharbeit erbringt.

Dazu gehören Beiträge zum Unterrichtsgespräch, die Leistungen in Hausaufgaben, Referaten, Protokollen, sonstigen Präsentationsleistungen, die Mitarbeit in Projekten und Arbeitsbeiträge, die in Kapitel 3.2.2 beschrieben sind.

Eine Form der „Sonstigen Mitarbeit" ist die schriftliche Übung, die benotet wird. Die Aufgabenstellung muss sich unmittelbar aus dem Unterricht ergeben. Sie muss so begrenzt sein, dass für ihre Bearbeitung in der Regel 30 Minuten, höchstens 45 Minuten erforderlich sind.

Die Schülerinnen und Schüler sollen im Bereich „Sonstige Mitarbeit" auf die mündliche Prüfung und deren Anforderungen vorbereitet werden.

Die folgenden Abschnitte beschreiben die angegebenen Formen und zeigen deren Bedeutung im Rahmen kontinuierlicher Lernerfolgsüberprüfungen auf.

4.3.2 Anforderungen und Kriterien zur Beurteilung der Leistungen im Beurteilungsbereich „Sonstige Mitarbeit"

Beiträge zum Unterrichtsgespräch

Beiträge zum Unterrichtsgespräch können auf verschiedene Weise erfolgen:
- Gliederung, Zusammenfassung und Auswertung von Texten
- Teilnahme an textorientierter oder problemorientierter Diskussion
- Mitarbeit in Arbeitsgruppen
- Übernahme der Diskussionsleitung
- Anfertigung von Strukturskizzen
- Eigenständige mündliche Zusammenfassung von Unterrichtsergebnissen
- Vorstellen eigener methodischer Überlegungen
- Reflexion von Lern- und Arbeitsprozessen.

Beurteilung

Folgende Kriterien sollten bei der Beurteilung der unterschiedlichen Beiträge zur „Sonstigen Mitarbeit" berücksichtigt werden:
- Umfang, sachliche und gedankliche Stringenz der Beiträge
- Selbstständigkeit der Reflexions- und Darstellungsleistung
- Bezug zum Unterrichtsgegenstand
- Sprachliche und fachterminologische Präzision
- Kooperations- und Kommunikationsbereitschaft und –fähigkeit.

Hausaufgaben

Hausaufgaben ergänzen die Arbeit im Unterricht. Sie dienen zur Festigung und Sicherung des im Unterricht Erarbeiteten sowie zur Vorbereitung des Unterrichts.

Hausaufgaben sollten in der Form klarer Arbeitsanweisungen gestellt werden. Dadurch ist gewährleistet, dass sie gezielt in den Unterricht einbezogen und beurteilt werden können.

Vorbereitende Hausaufgaben

- Vorbereiten eines Textes mit dem Ziel einer ersten Orientierung. Diese Form setzt voraus, dass die Schülerinnen und Schüler Verfahrensweisen der Texterschließung kennen und anwenden können

- Interpretation eines Textes innerhalb eines bekannten Zusammenhangs
- Analyse eines Textes
- Sich-Informieren über Bedeutung und Verwendung von Begriffen (z. B. in Lexika)
- Heranziehen von Zusatzmaterial (z. B. biographischer, historischer, geistesgeschichtlicher, kommentierender und interpretierender Art)
- Vorbereitende sachliche und methodische Strukturierung eines Gegenstandes
- Philosophischer Essay
- Literarische Darstellung philosophischer Probleme.

Nachbereitende Hausaufgaben

- Einprägung und Festigung des im Unterricht Erarbeiteten
- Zusammenfassende und vertiefende Darstellung von Unterrichtsergebnissen (z. B. Textanalyse, Interpretation, Problementwicklung)
- Anfertigung von Strukturskizzen
- Überblick über die vollzogene Strukturierung eines Gegenstandsbereichs im Verlauf einer kürzeren Unterrichtssequenz
- Ausarbeitung einer Stellungnahme
- Philosophischer Essay
- Philosophische Disputation
- Literarische Darstellung philosophischer Probleme
- argumentativer Sachtext aus einer bestimmten Perspektive.

Beurteilung

Bei der Beurteilung können folgende Kriterien angewandt werden:
- Umfang und Präzision der Kenntnisse
- Intensität des Text- und Problemverständnisses
- Methodenbewusstsein
- Stringenz der Argumentation
- Sprachliche und fachterminologische Sicherheit.

Eine regelmäßige Kontrolle der Hausaufgaben ist notwendig. Sie dient der Berichtigung von Fehlern, der Bestätigung konkreter Lösungen sowie der gebührenden Anerkennung eigenständiger Schülerleistungen. Dazu müssen die Schülerinnen und Schüler die Gelegenheit haben, ihre Hausaufgaben vorzutragen oder in den Unterricht einzubringen.

Referate

Das Referat ist besonders geeignet zum Erlernen studienvorbereitender Arbeitstechniken und planender Arbeitsvorhaben und stellt ein individualisierendes Element in der Unterrichtsplanung und -durchführung dar.

Das Referat schult ferner die in der mündlichen Abiturprüfung geforderte Fähigkeit zu einem zusammenhängenden Vortrag einer selbstständig gelösten Aufgabe. Bei der Erstellung und dem Vortrag des Referats werden folgende Arbeitstechniken erlernt und geübt:

- Organisation des Arbeitsvorhabens und Methodenreflexion
- Beschaffen, Zusammenstellen, Ordnen, Auswerten von themenbezogenem Informationsmaterial
- Planung eines gegliederten Aufbaus des Referats
- Techniken des Referierens: Vortrag mit Hilfe einer stichwortartigen Gliederung, adressatenbezogenes Sprechen und ggf. Diskutieren, korrektes Zitieren
- Berücksichtigung des Zeitfaktors (bei der Vorbereitung und dem Vortrag des Referats).

Im Hinblick auf die Unterrichtsgegenstände kann das Referat sowohl vorbereitenden als auch erweiternden Charakter haben. Es kann Hintergrund- und Zusatzinformationen bereitstellen.

Das Thema muss eindeutig formuliert und so begrenzt sein, dass es in der vorgesehenen Vorbereitungs- und Vortragszeit bewältigt werden kann. Für die Anfertigung des Referats sollte ein Zeitraum von höchstens zwei Wochen ausreichend sein. Die Vortragszeit sollte in der Regel nicht mehr als 10 Minuten betragen.

Protokolle

Für den Unterricht kommen folgende Arten der Protokolle in Betracht:
- Verlaufsprotokoll
- Protokoll des Diskussionsprofils
- Ergebnisprotokoll.

Das Anfertigen von Protokollen einer Stunde gehört zum Erlernen studienvorbereitender Arbeitstechniken. Dazu gehört das Einüben in konzentriertes Zuhören und das Erfassen von fachspezifischen Ausführungen.

Das Verlaufsprotokoll soll den Gang der Unterrichtsstunde in den wesentlichen Zügen wiedergeben.

Das Protokoll des Diskussionsprofils nimmt aus dem Gang der Unterrichtsstunde diejenigen Beiträge heraus, die die Diskussion entscheidend bestimmt haben. Es macht die unterschiedlichen Standpunkte und ihre Begründung deutlich.

Das Ergebnisprotokoll verzichtet auf die Wiedergabe des Unterrichtsverlaufs und auf die Darstellung des Diskussionsprofils und hält stattdessen genau die Unterrichtsergebnisse fest.

Der Schwerpunkt des Erlernens der für Protokolle erforderlichen Arbeitstechniken soll in der Jahrgangsstufe 11 liegen.

Schriftliche Übungen

Die Behandlung philosophischer Gedanken und Problemstellungen auf einem hinreichenden Differenzierungsniveau ist in der Regel in diesem eng begrenzten Zeitraum nicht zu leisten. Daher muss die Aufgabenstellung für eine schriftliche Übung eingegrenzt und klar umrissen sein. Sie kann die Beherrschung von Arbeitstechniken und die Kenntnis von philosophischem Grundwissen überprüfen und dient so auch der Vorbereitung auf Klausuraufgaben und auf die schriftliche und mündliche Abiturprüfung. Eine Weiterentwicklung von Gedanken und eine Auseinandersetzung mit Arbeitsergebnissen oder philosophischen Aussagen kann nur in Ansätzen erwartet werden.

Für die Beurteilung ist entscheidend, dass die Aufgabenstellung klar erfasst und die Darstellung sachlich richtig und sprachlich genau ist. Eine umfassende und differenzierte Problembehandlung kann aufgrund der engen Zeitvorgabe nicht erwartet werden.

Die folgenden Beispiele sollen mögliche Aufgabenstellungen aufzeigen:
- Klärung von Begriffen und Begriffspaaren
- Knappe Darlegung von Grundbegriffen und Theoremen der Philosophie und einzelner Philosophen
- Entwicklung einer weiterführenden Fragestellung auf der Basis des erzielten Diskussionsstandes
- Überprüfung der Folgerichtigkeit eines oder mehrerer Schlüsse (Logik) oder eines kurzen Argumentationsgangs
- Knappe Formulierung der Ergebnisse der Hausaufgabe bzw. der letzten Unterrichtsstunden
- Formulierung der Problemfrage und der Gliederung zu einem Text, der für eine 2- bis 3-stündige Klausur geeignet wäre.

Mitarbeit in Projekten

Die Mitarbeit in Projekten ist in besonderer Weise dazu geeignet, Lernprozesse selbstständig zu planen, zu organisieren und zu steuern.

Eine Unterteilung der Projektarbeit in Einzelschritte ist hilfreich, auch wenn die einzelnen Schritte sich gegenseitig bedingen:
- Projektplanung
- Durchführung
- Präsentation
- Reflexion.

Projektplanung

Die Themenstellung für ein Projekt kann sich unmittelbar aus dem Unterricht ergeben oder aus dem Fachunterricht anderer Fächer an den Philosophieunterricht herangetragen werden. Die Themenstellung sollte in Zusammenarbeit von Schülerinnen und Schülern und Lehrerinnen und Lehrern so präzisiert werden, dass eine Detailplanung einschließlich der Zeitplanung entsteht. Dazu sollte das Projekt in überschaubare Teilaspekte und Schritte aufgeteilt werden. Schon in dieser Phase ist es notwendig, dass Schülerinnen und Schüler Informationen selbstständig bearbeiten, sich ggf. in einer Gruppe auf Arbeitsvorhaben einigen, einzelne Aspekte gewichten und eine systematische Abfolge der Arbeitsschritte vornehmen.

Durchführung

Die Schülerinnen und Schüler nehmen Informationsmaterial systematisch zur Kenntnis, sichten Literatur, führen Erkundungen oder Befragungen innerhalb und außerhalb der Schule durch, nutzen außerschulische Institutionen und tragen Arbeitsergebnisse strukturiert in der Arbeitsgruppe vor.

Folgende Arbeitsmethoden werden in den Phasen der Projektplanung und Durchführung eingeführt, erweitert und in ihrer Anwendung gesichert:
- Planung von komplexen Arbeitsvorhaben:
  - Findung und Formulierung des Problems bzw. des Themas
  - Aufstellen von Arbeitshypothesen
  - Gliederung des Arbeitsvorhabens
  - Erstellung eines Zeitplans
- Informationsbeschaffung:
  - Kenntnisnahme von Informationen aus unterschiedlichen Quellen und in verschiedenen Medien
  - Darstellung einzelner Materialien in der Arbeitsgruppe
- Umgang mit Theorien:
  - Explikation der Prämissen, Implikationen und Konsequenzen
  - Prüfung der diskursiven Stringenz der Argumentation
  - Wahrnehmung des Zusammenhangs von Methoden und Arbeitsergebnissen
  - Befragung des Geltungsanspruchs von Methoden und Ergebnissen
  - Anwendungsmöglichkeit von Theorien auf die Praxis
- Gesprächsführung:
  - Berücksichtigung der Interessengeleitetheit von Positionen
  - Reflexion auf die mögliche Interessengeleitetheit in der Argumentation
  - Argumentieren unter der Beachtung der Stringenz
  - Überprüfung der Korrektheit der Argumentationen anderer
  - Einüben einer sachlich angemessenen und verständlichen Sprache
  - Einüben der Fähigkeit zur Strukturierung von Gruppendiskussionen.

Präsentation

Die zur Projektarbeit notwendigerweise gehörende Präsentation wird zunächst in der Planungsphase vorläufig festgelegt, kann aber im Verlauf der Durchführung modifiziert werden. Dabei muss der Anteil des Faches Philosophie deutlich erkennbar sein.

Wichtige Kriterien für die Präsentation sind:
- Angemessenheit der gewählten Darstellungsform bezogen auf das Thema, das erarbeitete Ergebnis und die Adressaten
- plausible Zusammenfassung und Erläuterung der Thematik
- Klarheit und Eindeutigkeit der präsentierten Ergebnisse
- klare, unvoreingenommene Berichterstattung
- differenzierte Lösungsansätze zur Problemlösung.

Für die **Beurteilung** ist unabhängig von der gewählten Präsentationsform ein mündlicher oder schriftlicher Bericht notwendig, der den Arbeitsgang reflektiert und den philosophischen Anteil der Arbeit verdeutlicht.

Reflexion

Auf der Grundlage der schriftlich vorliegenden Arbeitsergebnisse (z. B. Planungsunterlagen, aufbereitetes Informationsmaterial, Protokolle, Projektbericht, schriftliche Ausarbeitung) und der mündlichen Präsentation des Projektergebnisses nehmen die Schülerinnen und Schüler in einem Gespräch Stellung zu dem durchgeführten Projekt. Diese abschließende Reflexion umfasst eine Analyse des Gelingens bzw. Misslingens, eine Bewertung der eigenen Arbeit und ggf. Ansätze zu einer Alternativplanung. In dieser Auseinandersetzung mit der eigenen Arbeit können Fehler, die in der Planung, Durchführung oder Präsentation gemacht wurden, zum Teil ausgeglichen werden. Für die Erweiterung der Methodenkompetenz kann auch ein nicht erfolgreich zum Abschluss gebrachtes Projekt hilfreich sein, sofern die Gründe für ein Scheitern zutreffend erkannt und Alternativen aufgezeigt werden können.

Folgende Fähigkeiten sind in diesem Prozess zu erlernen und einzuüben:
- Distanznahme von und Bewertung der geleisteten Arbeit
- Methodenreflexion
- Fähigkeit zur Alternativplanung
- Sachangemessenheit und Adressatenbezogenheit der Äußerungen.

Damit den Schülerinnen und Schülern die an sie gestellten Anforderungen deutlich sind, müssen die auf das jeweilige Projekt bezogenen Beurteilungskriterien vorher benannt werden, ebenso die Gewichtung der einzelnen Projektphasen und des Anteils der Einzelleistungen und der Gruppenleistungen. Sind mehrere Fachlehrerinnen und Fachlehrer an einem Projekt beteiligt, ist es notwendig, bei der Formulierung des Themas einen gemeinsamen Erwartungshorizont zu entwickeln und bei der Festlegung der Beurteilungsanteile klare Absprachen zu treffen.

5 Die Abiturprüfung

5.1 Allgemeine Hinweise

Es ist die spezifische Aufgabe der folgenden Regelungen, das Anforderungsniveau für die Prüfungen im Fach zu beschreiben, die Aufgabenstellung zu strukturieren und eine Beurteilung der Prüfungsleistungen nach verständlichen, einsehbaren und vergleichbaren Kriterien zu ermöglichen.

Entscheidend für die Vergleichbarkeit der Anforderungen ist die Konstruktion der Prüfungsaufgaben, die durch Beschluss der KMK[1] in allen Bundesländern nach vereinbarten Grundsätzen erfolgen soll. Diese Grundsätze helfen zugleich, die Beurteilung der Prüfungsbedingungen transparent zu machen.

Zu diesen vereinbarten Grundsätzen gehört die Feststellung, dass den Bedingungen einer schulischen Prüfung zur allgemeinen Hochschulreife die bloße Wiedergabe gelernten Wissens ebenso wenig entspricht wie eine Überforderung durch Problemfragen, die von der Schülerin bzw. vom Schüler in der Prüfungssituation nicht angemessen bearbeitet werden können. Die Schwerpunkte der Anforderungen liegen in der Abiturprüfung in Bereichen, die mit selbstständigem Aussagen, Verarbeiten und Darstellen bekannter Sachverhalte sowie Übertragen des Gelernten auf vergleichbare neue Situationen beschrieben werden können.

Die Abiturprüfungsanforderungen sollen deshalb in allen Fächern durch drei Anforderungsbereiche strukturiert werden. Es sind dies:
- Anforderungsbereich I: Begreifen
- Anforderungsbereich II: Erörtern
- Anforderungsbereich III: Urteilen

Die Anforderungsbereiche sind für die Lehrerinnen und Lehrer als Hilfsmittel für die Aufgabenkonstruktion gedacht.

Sie sollen
- den Lehrerinnen und Lehrern unter Berücksichtigung der Unterrichtsinhalte und ihrer Vermittlung eine ausgewogene Aufgabenstellung erleichtern
- den Schülerinnen und Schülern Verständnis für die Aufgabenstellungen im mündlichen und schriftlichen Bereich erleichtern und ihnen Bewertungen durchschaubar machen
- die Herstellung eines Konsenses zwischen den Fachlehrerinnen und Fachlehrern und damit eine größere Vergleichbarkeit der Anforderungen ermöglichen.

---

[1] Vereinbarung über die einheitlichen Prüfungsanforderungen in der Abiturprüfung, Beschluß der Kultusministerkonferenz vom 1. Juli 1979, i. d. F. vom 1. Dezember 1989

5.2 Beschreibung der Anforderungsbereiche

In der Abiturprüfung sollen die Kenntnisse und Fähigkeiten der Schülerinnen und Schüler möglichst differenziert erfasst werden. Hierbei sind die mit den Aufgaben verbundenen Erwartungen drei Anforderungsbereichen bzw. Leistungsniveaus zuzuordnen, die im Folgenden beschrieben sind.

Anforderungsbereich I (Begreifen)

Der Anforderungsbereich I umfasst:
- die Wiedergabe von Sachverhalten (z. B. den verstehenden Nachvollzug eines Theorie- oder Problemzusammenhangs) aus einem abgegrenzten Gebiet im gelernten Zusammenhang
- die Beschreibung und Verwendung gelernter und geübter Arbeitstechniken und Verfahrensweisen in einem begrenzten Gebiet und in einem wiederholenden Zusammenhang.

Dazu kann gehören:
- das Problem bzw. den Sachverhalt erfassen
- die Aussagen von Texten verstehen und ihre jeweiligen Zusammenhänge erfassen
- die angesprochenen Theoriezusammenhänge darlegen
- die jeweiligen philosophischen Termini sachgerecht verwenden
- Aussagen gegenüberstellen, Gemeinsamkeiten und Unterschiede benennen

In methodischer Hinsicht sind die folgenden Anforderungen allgemeiner und fachspezifischer Art zu erfüllen:
- gegliederte und geordnete Darstellung
- Klarheit und Eindeutigkeit der Aussagen
- sprachliche Angemessenheit
- sorgfältige Begriffsklärung und –verwendung.

Als begriffen kann eine Theorie oder ein Problem gelten, wenn die konstitutiven Elemente in ihrer inneren Bedeutung und in ihrer Bedeutung für den Gesamtzusammenhang gesehen werden.

Anforderungsbereich II (Erörtern)

Der Anforderungsbereich II umfasst:
- selbstständiges Auswählen, Anordnen, Verarbeiten und Darstellen bekannter Sachverhalte unter vorgegebenen Gesichtspunkten in einem durch Übung bekannten Zusammenhang
- selbstständiges Übertragen des Gelernten auf vergleichbare neue Situationen, wobei es entweder um veränderte Fragestellungen oder um veränderte Sachzusammenhänge oder um abgewandelte Verfahrensweisen gehen kann.

Für das Fach Philosophie bedeutet dies die selbstständige Überprüfung einer Theorie in Bezug auf ihre Voraussetzungen, ihre Argumente, ihre innere Stimmigkeit und ihre Konsequenzen, ihr Verhältnis zu anderen Denkansätzen sowie die Anwendung der Theorie auf Sachprobleme und deren Lösungsmöglichkeiten.

Zum Anforderungsbereich „Erörtern" können folgende Schritte gehören:
- Voraussetzungen einer Theorie explizieren
- logische Folgerichtigkeit bzw. Stimmigkeit einer Theorie überprüfen
- Konsequenzen einer Theorie aufweisen
- Argumentations- und Darstellungsformen untersuchen
- Argumentationsziele darlegen
- Gemeinsamkeiten und Unterschiede von Denkansätzen bzw. Aussagen untersuchen
- erkenntnismäßige und moralische Prämissen von Meinungen, Überzeugungen und Annahmen im Lichte von Theorien prüfen
- theoretische Ansätze, Methoden, logische Regeln auf Texte, Fälle oder Problemzusammenhänge anwenden.

In methodischer Hinsicht gelten die für den Anforderungsbereich I benannten allgemeinen Anforderungen entsprechend. Als fachspezifische Fähigkeiten sind nachzuweisen:
- stringentes Argumentieren
- schlüssiges Konstruieren
- Orientierung des Denkens an Prinzipien
- analytischer Umgang mit Problemzusammenhängen.

Anforderungsbereich III (Urteilen)

Der Anforderungsbereich III umfasst planmäßiges Verarbeiten komplexer Gegebenheiten mit dem Ziel, zu selbstständigen Lösungen, Gestaltungen oder Deutungen, Folgerungen, Begründungen, Wertungen zu gelangen. Dabei werden aus den gelernten Methoden oder Lösungsverfahren die zur Bewältigung der Aufgabe geeigneten selbstständig ausgewählt oder einer neuen Problemstellung angepasst.

Im Fach Philosophie geht es hier um den Versuch der Einschätzung des Beitrages einer Theorie für die Lösung eines Problems bzw. die Würdigung eines Theorieansatzes von einem begründeten Standpunkt aus. Eine vorschnelle Aktualisierung der Problemstellung ist ebenso zu vermeiden wie eine Verengung der Perspektive auf die unmittelbar zugängliche Lebenswelt.

Folgende Schritte sind möglich:
- den Geltungsanspruch und -bereich von Aussagen bzw. Methoden untersuchen
- neue, weiterführende Gesichtspunkte benennen und erörtern
- selbstständig und begründet Stellung nehmen bzw. werten
- Handlungsweisen und Handlungsabsichten an argumentativ gesicherten Normen oder an Tugenden messen.

In methodischer Hinsicht gelten auch hier die für den Anforderungsbereich I benannten allgemeinen Anforderungen. Als fachspezifische Fähigkeiten sind zusätzlich nachzuweisen:

- Kritikfähigkeit als Selbst- und Fremdkritik
- Rationalität der Auseinandersetzung mit unterschiedlichen Positionen
- Berücksichtigung der Pluralität von Erkenntnisperspektiven
- Urteilskraft und Epoché.

5.3 Die schriftliche Abiturprüfung

Zur Art der Aufgabenstellung, zur Vorlage der Aufgabenvorschläge bei der oberen Schulaufsichtsbehörde, zur Korrektur und Bewertung der schriftlichen Arbeiten gelten grundsätzlich die §§ 32 bis 34 der APO-GOSt und die entsprechenden Verwaltungsvorschriften.

Die Aufgabenstellung für Leistungskurse muss den Anforderungen gerecht werden, die sich aus der Definition der Leistungskurse (Kapitel 3.3) ergeben. Die Fragestellung muss eine systematische und komplexe Auseinandersetzung mit einer Aufgabe ermöglichen, den Nachweis einer vertieften Beherrschung der fachlichen Methoden sowie eine reflektierte Einordnung der Fragestellung in größere Zusammenhänge des Faches einfordern.

5.3.1 Aufgabenarten der schriftlichen Abiturprüfung

Für die schriftliche Abiturprüfung im Fach Philosophie sind folgende Aufgabenarten zulässig:

Textgebundene Aufgaben

1) Aufgabe auf der Basis eines philosophischen Textes

Ziel der Bearbeitung ist

- das Erkennen des philosophischen Problems, der vom Autor ggf. vorgeschlagenen Lösung und die Rekonstruktion des Gedankengangs in sachlicher und argumentativer Hinsicht
- die Überprüfung von Voraussetzungen, Implikaten und Konsequenzen sowie der diskursiven Stringenz des zu bearbeitenden Textes
- die Einordnung des zu bearbeitenden Textes in den Gesamtzusammenhang eines den Schülerinnen und Schülern aus dem Unterricht bekannten philosophischen Ansatzes.

2) Aufgabe auf der Basis mehrerer philosophischer Texte

Ziel der Bearbeitung ist

- das Erkennen der philosophischen Probleme der Texte, der von den Autoren ggf. vorgeschlagenen Lösungen und die Rekonstruktion des jeweiligen Gedankengangs in sachlicher und argumentativer Hinsicht

- der Vergleich der verschiedenen (in der Regel konträren) theoretischen Ansätze im Hinblick auf die Unterschiedlichkeit und Tragfähigkeit der jeweiligen Lösungsvorschläge und methodischen Zugänge.

Problemgebundene Aufgaben

3) Aufgabe auf der Basis einer philosophischen Aussage oder mehrerer philosophischer Aussagen

Die vorgelegten Aphorismen, Sentenzen, Thesen, Theoreme oder Definitionen müssen so gehaltvoll sein, dass sie eine Analyse ihrer philosophischen Implikationen ebenso ermöglichen wie einen kritischen, über die bloße Wissensreproduktion hinausgehenden Vergleich mit einem oder mehreren aus dem Unterricht bekannten philosophischen Theorieansätzen. Die Vergleichshinsicht muss klar benannt werden.

Ziel der Bearbeitung ist
- die Einordnung der vorgelegten Aussagen in den jeweiligen systematischen Theoriezusammenhang
- die Analyse der vorgelegten Aussagen bezüglich ihrer Prämissen, Implikationen und Konsequenzen
- die vergleichende Abwägung der unterschiedlichen Positionen der jeweiligen Aussagen bzw. der Vergleich der vorliegenden Aussage mit einem oder mehreren den Schülerinnen und Schülern aus dem Unterricht bekannten philosophischen Theorieansätzen.

4) Aufgabe auf der Basis eines philosophischen Problems

Das thesenhaft zu benennende oder aus einem kurzen nicht-philosophischen Text abzuleitende Problem ist vor dem Hintergrund aus dem Unterricht bekannter philosophischer Ideen oder Theorien zu entfalten und zu erörtern.

Ziel der Bearbeitung ist
- die Darlegung und die Einordnung des vorgelegten Problems in die geistesgeschichtliche Systematik
- die Entfaltung und argumentativ-diskursive Erörterung des Problems vor dem Hintergrund philosophischer Positionen und Theorien, die den Schülerinnen und Schülern aus dem Unterricht bekannt sind.

Alle Aufgabenstellungen sind mehrgliedrig zu formulieren. Dabei sollen die Anforderungsbereiche des Begreifens, Erörterns und Urteilens durch Arbeitsaufträge in eine klar erkennbare, zusammenhängende und strukturierte Abfolge gebracht werden. Art und Anzahl der Anforderungen sowie der Gewichtung der Bereiche bei der Aufgabenstellung müssen in einem Zusammenhang mit dem Schwierigkeitsgrad des Textes bzw. der Problemstellung gesehen werden.

Bei der Einschätzung des Schwierigkeitsgrades eines philosophischen Textes sind in erster Linie die Gesichtspunkte Abstraktionsgrad, Begriffs- und Problemdichte sowie sprachliche Transparenz zugrunde zu legen.

Der Komplexitätsgrad eines philosophischen Problems ist so zu reduzieren, dass die Aufgabe in der zur Verfügung stehenden Zeit sinnvoll bearbeitet werden kann. Dies darf aber nicht dazu führen, dass nur noch Thesen ohne Einbeziehung der entsprechenden Begründungszusammenhänge kommentiert oder diskutiert werden.

Insgesamt hängt der Schwierigkeitsgrad einer Aufgabe vor allem von den jeweiligen inhaltlichen und methodischen Unterrichtsvoraussetzungen ab; daher muss bedacht werden, wie nahe der Text bzw. das Problem der im Unterricht eingeübten Art der Auseinandersetzung mit philosophischen Problemen und Schriften steht.

Bei der Länge des Textes muss dessen Komplexitätsgrad berücksichtigt werden. Die benötigte Zeit zum Lesen des Textes *einer* Aufgabe sollte 15 Minuten nicht überschreiten.

In der Form der Aufgabenstellung besteht kein grundsätzlicher Unterschied zwischen Grund- und Leistungskursen. In *Leistungskursen* ist jedoch eine umfassendere Bearbeitung der Aufgabe und ein höherer Grad an Selbstständigkeit vorauszusetzen. Dies sollte auch in der Formulierung der Aufgaben deutlich werden. In *Grundkursen* können dagegen Hilfen in Form von stärker spezifizierten Arbeitsaufträgen gegeben werden.

5.3.2 Einreichen von Prüfungsvorschlägen

Die Fachlehrerin bzw. der Fachlehrer legt drei Prüfungsvorschläge einschließlich der Genehmigungsunterlagen vor, von denen die obere Schulaufsicht zwei Vorschläge (zur Wahl für den Prüfling) auswählt. Zur Aufgabenstellung der schriftlichen Abiturprüfung ist § 33 Abs. 1 APO-GOSt zu beachten. Die Aufgabenvorschläge in der schriftlichen Abiturprüfung müssen aus dem Unterricht in der Qualifikationsphase erwachsen sein. Die der Schulaufsicht vorzulegenden Vorschläge müssen sich in ihrer Breite insgesamt auf die Ziele, Problemstellungen, Inhalte und Methoden der vier Halbjahre der Qualifikationsphase beziehen und unterschiedliche Sachgebiete umfassen. Der vom Prüfling zu bearbeitende Vorschlag muss sich in der Breite der Ziele, Problemstellungen, Inhalte und Methoden mindestens auf zwei Halbjahre der Qualifikationsphase beziehen.

Unter den eingereichten Themen muss sich *mindestens eine textgebundene* Aufgabe befinden.

Dem Prüfungsvorschlag sind beizufügen
* eine kurz gefasste konkrete Beschreibung der erwarteten Schülerleistung (Erwartungshorizont) unter Hinweis auf die konkreten unterrichtlichen Voraussetzungen. In dem Erwartungshorizont sind die konkreten Kriterien zu benennen, die der Bewertung zu Grunde liegen. Ebenso sind die Anforderungsbereiche den Arbeitsaufträgen zuzuordnen

- eine hinreichend detaillierte Angabe über die Lerninhalte der Halbjahreskurse
- die Erklärung der Fachlehrerin bzw. des Fachlehrers, dass das Notwendige für die Geheimhaltung veranlasst wurde.

Es ist Folgendes zu beachten:

Im Bereich des Urteilens ist es im Fach Philosophie nur möglich, in exemplarischer Form Perspektiven anzugeben, in deren Richtung die Würdigung der Textaussage oder des Problemzusammenhangs erfolgen könnte.

Die Beschreibung der erwarteten Schülerleistung kann im Fach Philosophie nicht immer den Charakter einer im Vorhinein feststehenden Lösung haben, da die Beurteilung der Prüfungsleistung der Offenheit philosophischer Reflexion Rechnung tragen muss.

Die vorgesehenen Hilfsmittel sind am Schluss eines jeden Vorschlags aufzuführen.

5.3.3 Bewertung der schriftlichen Prüfungsleistungen

Die Bewertung muss sich auf die in 4.2.2 und 5.2 erläuterten Anforderungen beziehen. Außerdem gelten folgende Beurteilungskriterien im Fach Philosophie:

Bei der Ermittlung der Gesamtleistung ist zu berücksichtigen, dass eine angemessene Leistung innerhalb der Anforderungsbereiche „Erörtern" und „Urteilen" nicht ohne eine qualifizierte Leistung im Bereich „Begreifen" möglich ist. Diese soll daher zumindest „hinreichend differenziert" sein, wenn die Gesamtleistung „ausreichend" genannt wird.

Bei einem Text bzw. einem Problem mittleren Schwierigkeitsgrades, von dem in der Regel auszugehen ist, kann die Gesamtleistung „ausreichend" genannt werden, wenn die Anforderungen im Bereich „Begreifen" „hinreichend differenziert" erfüllt sind. „Gut" kann eine Leistung genannt werden, wenn die Leistungen in allen drei Anforderungsbereichen „hinreichend differenziert" oder in den Bereichen „Begreifen" und „Erörtern" „umfassend und differenziert" sind.

Bei schwierigen philosophischen Texten bzw. komplexen Problemen werden bereits im Bereich „Begreifen" hohe Anforderungen gestellt. Daher kann eine Gesamtleistung „gut" genannt werden, wenn die Anforderungen in diesem Bereich „umfassend und differenziert" erfüllt werden. Entsprechend ist die Leistung auch dann noch „ausreichend" zu nennen, wenn im Anforderungsbereich „Begreifen" kleine Mängel zu finden sind.

Damit bei leichten Texten bzw. einer einfachen Problemstellung ein vergleichbares Beurteilungsniveau erreicht wird, sollten in diesen Fällen die Anforderungen in den Bereichen „Begreifen" und „Erörtern" „hinreichend differenziert" erfüllt sein, wenn die Leistung „ausreichend" genannt wird. Für die Gesamtnote „gut" sollen die Leistungen in den Bereichen „Begreifen" und „Erörtern" „umfassend und differenziert" und im Bereich „Urteilen" „hinreichend differenziert" sein.

Die Anforderungen allgemeiner und methodischer Art werden bei der Beurteilung innerhalb der fachspezifischen Anforderungsbereiche mit berücksichtigt, denn die Qualität der Darstellung und die Art des methodischen Zugriffs lassen sich von der gedanklichen Leistung nur bedingt trennen.

Die schriftliche Prüfungsarbeit wird von der zuständigen Fachlehrkraft korrigiert, begutachtet und abschließend mit einer Note bewertet (§ 34 Abs. 1 APO-GOSt). Das Gutachten muss

- Bezug nehmen auf die im Erwartungshorizont beschriebenen Kriterien, d. h., es muss zu den erwarteten Teilleistungen deutliche Aussagen machen
- es muss neben den inhaltlichen auch die methodischen Leistungen und den Grad der Selbstständigkeit bewerten
- es muss Aussagen zum Anforderungs-/Leistungsniveau machen (Anforderungs-bereich I–III)
- es muss Aussagen zur Sprachrichtigkeit enthalten (§ 13 Abs. 6 APO-GOSt).

Der Zweitkorrektor korrigiert die Arbeit ebenfalls (§ 34 Abs. 2 APO-GOSt); er schließt sich der Bewertung begründet an oder fügt eine eigene Beurteilung und Bewertung an.

Bei der Begründung bzw. Beurteilung und Bewertung muss in knappen Aussagen auf die Beurteilungskriterien Bezug genommen werden.

5.3.4 Beispiele für Prüfungsaufgaben in der schriftlichen Abiturprüfung

Beispiel 1

Grundkurs

Textgebundene Aufgabe: Aufgabe auf der Basis eines philosophischen Textes

Die folgende Aufgabenstellung orientiert sich an den drei Anforderungsbereichen:
- Anforderungsbereich I, Begreifen (vgl. 5.2): Arbeitsaufträge (1) und (2)
- Anforderungsbereich II, Erörtern (vgl. 5.2): Arbeitsauftrag (3)
- Anforderungsbereich III, Urteilen (vgl. 5.2): Arbeitsauftrag (4).

Interpretieren Sie den folgenden Textausschnitt von Platon (Politeia 358e–359b) gemäß den bekannten Arbeitsaufträgen:
1) Fassen Sie in Ihren Worten knapp die Problemstellung zusammen!
2) Legen Sie ebenfalls in Ihren Worten kurz den Problemlösungsvorschlag dar!
3) Verfertigen Sie einen lückenlosen Argumentationszusammenhang!
4) Vergleichen Sie diesen Textausschnitt mit dem Gerechtigkeitsbegriff bei Platon und dem kategorischen Imperativ bei Kant und beurteilen Sie die Positionen!

„Was ich (Glaukon) also zuerst abhandeln zu wollen sagte, darüber höre mich, was sie nämlich meinen, das die Gerechtigkeit sei und woher entstanden.

Von Natur nämlich, sagen sie, sei das Unrechttun gut, das Unrechtleiden aber übel; das Unrechtleiden aber zeichne sich aus durch größeres Übel als durch Gutes das Unrechttun. Sodass, wenn sie Unrecht einander getan und voneinander gelitten und beides gekostet haben, es denen, die nicht vermögend sind, das eine zu vermeiden und nur das andere zu wählen, vorteilhaft erscheint, sich gegenseitig darüber zu vertragen, weder Unrecht zu tun noch zu leiden. Und daher haben sie denn angefangen, Gesetze zu errichten und Verträge untereinander und das von dem Gesetz Angelegte das Gesetzliche und Gerechte zu nennen. Und dies also sei die Entstehung sowohl als auch das Wesen der Gerechtigkeit, welche in der Mitte liege zwischen dem Vortrefflichsten, wenn einer Unrecht tun kann, ohne Strafe zu leiden, und dem Übelsten, wenn man Unrecht leiden muss, ohne sich rächen zu können. Das Gerechte aber, mitten inne liegend zwischen diesen beiden, werde nicht als gut geliebt, sondern durch das Unvermögen, Unrecht zu tun, sei es zu Ehren gekommen. Denn wer es nur ausführen könnte und der wahrhafte Mann wäre, würde auch nicht mit einem den Vertrag eingehen, weder Unrecht zu tun noch sich tun zu lassen; er wäre ja wohl wahnsinnig.

Die Natur der Gerechtigkeit also, o Sokrates, ist diese und keine andere, und dies ist es, woraus sie entstanden ist, wie die Rede geht."

(Platon: Politeia, in: Werke in 8 Bdn., Griechisch und Deutsch, 4. Bd. hrsg. v. Gunther Eigler, bearbeitet von Dietrich Kurz. Griechischer Text von Émile Chambry, deutsche Übersetzung von Friedrich Schleiermacher, Wissenschaftliche Buchgesellschaft, Darmstadt 1971, 358 e-359 b)

Unterrichtsvoraussetzungen

Das Thema erwächst aus den Kursen 12/I (Das höchste Gut als oberstes Handlungsprinzip, Kant) und 12/II (Die Konstruktion des Staates in der Gerechtigkeit und Freiheit, Platon). Die Schülerinnen und Schüler kennen den Gerechtigkeitsbegriff, den Platon entwickelt, und sie kennen den kategorischen Imperativ Kants. Den Gerechtigkeitsbegriff, den im Text Glaukon darlegt, müssen sie absetzen können sowohl gegen Platons These, dass Gerechtigkeit eine relationale Größe ist, dasjenige nämlich, was jedem gemäß seiner Veranlagung zukommt, als auch gegenüber Kants These, dass Moralität nicht empirisch, sondern nur transzendental-apriorisch konstruiert werden kann.

Angaben zu der zu erwartenden Schülerleistung unter Verweis auf die konkreten unterrichtlichen Voraussetzungen

1) Problemstellung: Was ist Gerechtigkeit und wie entsteht sie?
2) Problemlösungsvorschlag: Die Gerechtigkeit entsteht aus der Schwäche, ungestraft kein Unrecht tun zu können. Sie ist der Kompromiss zwischen Unrecht tun und Unrecht erleiden und stellt sich dar als Vertrag und Gesetz.
3) Argumentationsgang:
   • Prämisse (nicht ausgewiesen): Von Natur aus ist das Unrecht tun gut und das Unrecht erleiden übel. Dabei ist allerdings, relational gesehen, das Unrecht erleiden ein größeres Übel als das Gute des Unrechttuns.

- Empirische Konsequenz: Diejenigen, die erfahren haben, dass sie, wenn sie Unrecht tun, auch Unrecht erleiden können, entschließen sich zu einer Vereinbarung, dass nämlich keiner Unrecht tun soll, damit auch keiner Unrecht erleiden möge. Diese Vereinbarung wird vertraglich festgemacht und bekommt Gesetzeskraft.
- Systematische Konsequenz: Das Gerechte ist das Gesetzliche.
- Erläuterungen zur Gerechtigkeit:
  - Gerechtigkeit ist die Mitte zwischen dem Vortrefflichsten (nämlich das Unrecht tun ohne Strafe) und dem Übelsten (nämlich das Unrecht erleiden ohne Rache nehmen zu können)
  - das Gerechte wird nicht geliebt, weil es gut ist, sondern aus empirischen Gründen: sofern man nämlich nicht ungestraft Unrecht tun kann.
4) Zusammenhang mit Kant und Platon:
- Die Schülerinnen und Schüler müssen erkennen, dass Glaukon empirisch argumentiert und die Frage nach dem, was Gerechtigkeit wesensmäßig ist, gar nicht gestellt wird. Sie müssen erkennen, dass die Natur als Begründungsfigur herangezogen wird, allerdings insofern gebrochen, als Glaukon methodisch auf der einen Seite nur referiert, was man so denkt, er sich auf der anderen Seite jedoch gleichwohl diese Meinung als Konklusion zu Eigen macht.
- Damit unterscheidet sich Glaukon sowohl methodisch als auch inhaltlich sowohl von Platon als auch von Kant:
  - Platon argumentiert von der Seelenlehre und der Staatslehre her und entwickelt daraus das Wesen der Gerechtigkeit
  - Kant argumentiert transzendental und bestimmt das Gute apriorisch, sodass die Gerechtigkeit aus dem Bereich der Moral herausfällt.

Die Aufgaben 1) bis 3) müssen in ihrer Grundstruktur erfasst sein, um noch ein „Ausreichend" erreichen zu können. Umfassend differenziert ist die Darstellung, wenn es gelingt, den methodisch anderen Ansatz bei Platon und vor allem bei Kant herauszuarbeiten.

Beispiel 2

Grundkurs

Problemgebundene Aufgabe: Aufgabe auf der Basis einer philosophischen Aussage

Philosophische Aussage: La Rochefoucauld, Maximen und Reflexionen. Hrsg. v. K. Nussbächer, Stuttgart 1988, Maxime Nr. 264

„Oft ist Mitleid Gefühl unserer eigenen Leiden in den Leiden anderer. Es ist eine kluge Voraussicht der Leiden, die uns begegnen können. Wir helfen anderen, damit sie uns bei ähnlichen Gelegenheiten helfen, und die ihnen erwiesenen Dienste sind eigentlich Wohltaten, die wir uns selber auf Vorschuss leisten."

Aufgabenstellung

1) Erläutern Sie die Sentenz von La Rochefoucauld, indem Sie die in ihr benutzten zentralen Begriffe erklären und die Konsequenzen der in ihr enthaltenen Grundthese für eine philosophische „Tugendlehre" herausarbeiten.
2) Vergleichen Sie die Auffassung von La Rochefoucauld mit Schopenhauers Lehre vom Ursprung des Mitleids im Hinblick darauf, in welchem Umfang sie der Vielschichtigkeit dieses Gefühls gerecht werden.
3) Bewerten Sie das jeweilige „Bild vom Menschen", das den unterschiedlichen Positionen zu Grunde liegt.

Angaben zu der zu erwartenden Schülerleistung unter Verweis auf die konkreten unterrichtlichen Voraussetzungen

Zu 1):

Die erste Aufgabe beruht auf Problemstellungen, die innerhalb des Rahmenthemas „Probleme des menschlichen Handelns" (12/I) erarbeitet und erörtert wurden. Dabei wurde neben anderen Ansätzen auch Nietzsches Demaskierung der christlichen Nächstenliebe als „Erhaltungsmittel des schwachen Lebens" diskutiert.

Eine hinreichend differenzierte Lösung der Aufgabe muss herausarbeiten, dass La Rochefoucauld die weit verbreitete Auffassung, Mitleid sei ein selbstloses Gefühl, welches um das fremde Wohl besorgt ist, durch die These ersetzt, dass im Mitleid eine verschleierte Form der Eigenliebe am Werk ist, die auf die zukünftige Hilfe derer spekuliert, denen sie Solidarität erwiesen hat. Eine umfassende und differenzierte Bearbeitung erfordert eine Einordnung dieser These in den philosophiehistorischen Prozess der Utilisierung der Vernunftkategorien: Dadurch, dass die phänomenologische Beschreibung möglicher Handlungsmotive des Menschen (Egoismus, Bosheit, Mitleid) ersetzt wird durch eine Hierarchisierung, die Mitleid (wie Bosheit) als mehr oder weniger maskierte Formen des Egoismus erscheinen lässt, erfolgt eine Universalisierung des Selbsterhaltungstriebes als dem einzig „wahren" Interesse, das einem „klugen" menschlichen Verhalten zu Grunde liegen kann. Es sollte deutlich werden, dass La Rochefoucauld damit eine Denkfigur des Nihilismus vorwegnimmt. (Anforderungsbereich I)

Zu 2):

Die Auseinandersetzung mit der Mitleidsethik Schopenhauers im GK 12/I beschäftigte sich mit dessen Analyse der Grundtriebfedern des Handelns und seiner Bestimmung des Mitleids als einer Gesinnung, die durch Distanzierung vom ichbezogenen Wollen ein helfend-tätiges Eingreifen in die Geschehnisse der Welt zum Zwecke der Leidensminderung ermöglicht. Ausgehend von Sentenzen Kants und Adornos wurde zudem die Ambivalenz des Mitleids als zufälliges und blindes Gefühl erörtert, sodass sich die Frage nach der Notwendigkeit eines deontologischen Ansatzes der Ethik stellte.

Die Aufgabenstellung verlangt eine kritische Überprüfung der Angemessenheit beider Mitleidstheorien. Eine hinreichend differenzierte Darstellung der Auffassung Schopenhauers liegt vor, wenn folgende Thesen herausgearbeitet werden:

a) Unzufriedenheit (Schmerz, Leid) ist der Primärzustand des menschlichen Gefühls, von dem aus eine Veränderung durch Handeln erstrebt und daher auch bewusst wird

b) Mitleid als Naturanlage des Menschen beruht auf der den Egoismus mindernden Fähigkeit der gedanklichen und gefühlsmäßigen Identifikation mit dem Leiden des anderen und bewirkt eine helfende Tat, die den Lebenswillen des anderen stärkt, indem sie dessen Leiden aufzuheben und dadurch sein Wohlsein herbeizuführen sucht.

Diese Deutung des Mitleids lässt erkennen, dass das ihm zu Grunde liegende Gefühl nach Schopenhauers Verständnis ein gleichsam „mysteriöser Vorgang" ist, der über eine Art intuitiver Erkenntnis zur Solidarität mit dem Fremden führt. La Rochefoucauld betont dagegen in rationalistischer Nüchternheit, dass die Beförderung der Wohlfahrt des Nächsten im wohlverstandenen Selbstinteresse des Helfenden liegt. Der französische Moralist macht Mitleid zum Bestandteil eines bloßen Interessenkalküls und leugnet das Moment der unmittelbaren Betroffenheit, das in jedem Bedauern steckt. Beide Interpretationen nehmen dem Mitleid seinen ambivalenten Charakter. Sie wollen nicht zulassen, dass es in einem gütig und doch egoistisch, liebenswert und gerade wegen der ihm inhärenten personenbezogenen Sympathie doch blind und ungerecht sein kann.

In einer umfassenden und differenzierten Analyse müsste die aus dieser Ambivalenz resultierende Unbrauchbarkeit des Mitleids als Fundament einer ethischen Theorie herausgearbeitet werden. So fraglich es ist, ob Mitleidshandlungen den Einzelnen überhaupt aus der egoistischen Selbstbehauptung seines Willens reißen, so kontingent bleibt die als Ausnahme von der Regel praktizierte private Aufhebung des Unrechts, die ihre Grenze bereits in subjektiven Irritationen des Hilfswilligen findet, wie sie durch Missverständnisse, Kränkungen oder gar Beleidigungen entstehen können. (Anforderungsbereich II)

Zu 3):

Die der dritten Aufgabe zu Grunde liegende Frage, ob ein „realistisches" Menschenbild vom Grundsatz der Utilisierung der Vernunftkategorien ausgehen muss oder ob es den Subjektbegriff mit den Prinzipien von Freiheit und Verantwortung verknüpfen soll, wurde im Anschluss an Hobbes, Nietzsche, Kant und Jonas in 12/I, 12/II und 13/II („Probleme der Bestimmung des Menschen") wiederholt diskutiert.

Eine hinreichend differenzierte Bearbeitung liegt vor, wenn dargelegt wird, dass sich in der Position von La Rochefoucauld eine eher skeptische Betrachtung der Lebenswirklichkeit des Menschen widerspiegelt, während Schopenhauers Mitleidslehre auf ein begrenzt optimistisches Menschenbild schließen lässt.

Während dort die Tugend der Nächstenliebe als Ergebnis von gesellschaftlich notwendiger Heuchelei und kaschiertem Eigeninteresse entlarvt wird, erscheint sie hier als Mittel zur Überwindung des Leidens durch Transzendierung des Ego, was dem Menschen immerhin ein Verantwortungsgefühl für andere zubilligt.

Eine umfassende und differenzierte Beurteilung der beiden Menschenbilder hätte auf die Einseitigkeiten und Aporien beider Auffassungen hinzuweisen. Im Hinblick auf La Rochefoucauld wäre auf dem Unterschied zwischen einem das Selbstinteresse ohne Rücksicht auf die Bedürfnisse und Rechte der Mitmenschen durchsetzenden Egoismus und einem aufgeklärten Selbstinteresse zu bestehen, das Verantwortung für Leib, Leben und Wohlbefinden der menschlichen Gesellschaft übernimmt, weil nur ein sinnvoll geregeltes Zusammenleben in der Gemeinschaft die Entfaltung der Möglichkeiten des Individuums garantiert.

An Schopenhauer wäre kritisch die Frage zu richten, ob die von ihm propagierte Selbstlosigkeit die Welt wirklich besser macht; immerhin verstrickt sich seine Mitleidstheorie in die Aporie, den Lebenswillen und d. h. den Egoismus dessen, dem geholfen wird, zu stärken und damit möglicherweise dem auf gegenseitige Vernichtung ausgehenden Konkurrenzkampf eine neue Chance zu geben. Auf Grund dieses Befundes ließe sich die These vertreten, dass Schopenhauer wie La Rochefoucauld auf je unterschiedliche Weise in der Enge eines unzulänglichen psychologisch-subjektiven Ich-Begriffs befangen bleiben, dem die Rechtskategorie der gegenseitigen Anerkennung fremd bleibt. (Anforderungsbereich III)

Beispiel 3

Leistungskurs

Textgebundene Aufgabe: Aufgabe auf der Basis eines philosophischen Textes

Interpretieren Sie den folgenden Textausschnitt von G.W.F. Hegel (Enzyklopädie, Hamburg 1959, §§ 430 – 433, S. 351f.) gemäß den bekannten Arbeitsaufträgen:

1) Fassen Sie in Ihren Worten knapp die Problemstellung und den Problemlösungsvorschlag zusammen!
2) Verfertigen Sie einen lückenlosen Argumentationszusammenhang!
3) Vergleichen Sie diesen Textausschnitt mit Hegels Herr-Knecht-Dialektik aus der „Phänomenologie des Geistes" und Hobbes Grundthese der Notwendigkeit des Gesellschaftsvertrags!

> *„Das anerkennende Selbstbewußtsein*
> § 430

Es ist ein Selbstbewußtsein für ein Selbstbewußtsein, zunächst *unmittelbar* als ein Anderes für ein *Anderes.* Ich schaue in ihm als Ich unmittelbar mich selbst an, aber auch darin ein unmittelbar daseiendes, als Ich absolut gegen mich selbständiges anderes Objekt. Das Aufheben der *Einzelheiten* des Selbstbewußtseins war das erste Aufheben; es ist damit nur als *besonderes* bestimmt. – Dieser Widerspruch gibt den Trieb, sich als freies Selbst zu *zeigen* und für den Andern als solches *da* zu sein, – den Prozeß des *Anerkennens.*

§ 431

Er ist ein *Kampf*; denn Ich kann mich im Andern nicht als mich selbst wissen, insofern das Andere ein unmittelbares anderes Dasein für mich ist; Ich bin daher auf die Aufhebung dieser seiner Unmittelbarkeit gerichtet. Ebenso sehr kann Ich nicht als Unmittelbares anerkannt werden, sondern nur insofern Ich an mir selbst die Unmittelbarkeit aufhebe und dadurch meiner Freiheit Dasein gebe. Aber diese Unmittelbarkeit ist zugleich die Leiblichkeit des Selbstbewußtseins, in welcher es als in seinem Zeichen und Werkzeug sein eignes *Selbstgefühl* und sein Sein *für Andere* und seine es mit ihnen vermittelnde Beziehung hat.

§ 432

Der Kampf des Anerkennens geht also auf Leben und Tod; jedes der beiden Selbstbewußtseine bringt das Leben des Andern in *Gefahr* und begibt sich selbst darein, aber nur als *in Gefahr*, denn ebenso ist jedes auf die Erhaltung seines Lebens als des Daseins seiner Freiheit gerichtet. Der Tod des Einen, der den Widerspruch nach einer Seite auflöst, durch die abstrakte, daher rohe Negation der *Unmittelbarkeit*, ist so nach der wesentlichen Seite, dem Dasein des Anerkennens, welches darin zugleich aufgehoben wird, ein neuer Widerspruch, und der höhere als der erste.

§ 433

Indem das Leben so wesentlich als die Freiheit ist, so endigt sich der Kampf zunächst als *einseitige* Negation mit der Ungleichheit, daß das Eine der Kämpfenden das Leben vorzieht, sich als einzelnes Selbstbewußtsein erhält, sein Anerkanntsein aber aufgibt, das Andere aber an seiner Beziehung auf sich selbst festhält und vom Ersten als dem Unterworfenen anerkannt wird: – das *Verhältnis* der *Herrschaft* und *Knechtschaft.*

Der Kampf des Anerkennens und die Unterwerfung unter einen Herrn ist die *Erscheinung*, in welcher das Zusammenleben der Menschen, als ein Beginnen der *Staaten*, hervorgegangen ist. Die *Gewalt*, welche in dieser Erscheinung Grund ist, ist darum nicht Grund des *Rechts*, obgleich das *notwendige* und *berechtigte* Moment im Übergange des *Zustandes* des in die Begierde und Einzelheit versenkten Selbtbewußtseins in den Zustand des allgemeinen Selbstbewußtseins. Es ist der äußerliche oder *erscheinende Anfang* der Staaten, nicht ihr *substantielles Prinzip.*"

(G. W. F. Hegel: Phänomenologie des Geistes. Nach dem Text der Originalausgabe hrsg. v. Johannes Hoffmeister: Felix Meiner, 6. Auflage, Hamburg 1952)

Angaben zu den zu erwartenden Schülerleistung unter Verweis auf die konkreten unterrichtlichen Voraussetzungen

Das Thema erwächst aus den Kursen 12/II (Der Gesellschaftsvertrag, Hobbes) und 13/II (Der absolute Geist als ontologisches und metaphysisches Grundprinzip, Hegel). Den Schülerinnen und Schülern ist der Gesellschaftsvertrag bekannt als Hobbes' Versuch, dadurch den Bürgerkrieg (Kampf aller gegen alle) zu verhindern. Aus der „Phänomenologie des Geistes" kennen die Schülerinnen und Schüler die „Herr-Knecht-Dialektik" als Hegels Konstruktion des Beginns der Geschichte in einem Herrschaftsverhältnis.

Erwartete Schülerleistung

1) *Problemstellung*: Nach welchem Prinzip lassen sich der faktische Anfang der Geschichte und des Staates rekonstruieren? (Anforderungsbereich I)
2) *Problemlösung*: Der faktische Beginn der Geschichte ist die Unterwerfung des Knechtes unter den Herrn, also Herrschaft. Der faktische Beginn des Staates ist ein Rechtsverhältnis, also das Recht. (Anforderungsbereich II)
3) *Rekonstruktion* des Argumentationsgangs: Hegel stellt den Beginn der Geschichte aus der Gewalt dar und den Beginn des Staates als den Versuch, Gewalt zu vermeiden.
   - Selbstbewusstsein zeigt sich als
     - Leib (= Sein, Dasein)
       * Besonderes (Einzelheit)
       * Unmittelbarkeit
       * Abhängigkeit
     - Bewusstsein (= Geist)
       * Allgemeines
       * Vermittlung (Anderes)
       * Freiheit
     - Selbstbewusstsein, das in den Widerspruch von Leib und Bewusstsein gerät:
       * um sich als Freiheit, Vermittlung und Allgemeines zu erhalten, setzt es das Leben (Dasein, Leib) aufs Spiel
       * der mögliche Tod macht dieses Ziel (sich als Freiheit, Vermittlung und Allgemeines zu erweisen) zunichte.
   - Das Selbstbewusstsein muss als Bewusstsein seine Unmittelbarkeit (das Besondere, der Leib) aufheben zugunsten der eigenen Allgemeinheit (= Vermittlung, Geist). Dazu bedarf es eines *anderen* (Selbstbewusstseins).
   - Folglich muss sich das Selbstbewusstsein mit einem anderen Selbstbewusstsein vermitteln. Dies ist der *Kampf um Anerkennung*.
   - Der Kampf um Anerkennung zielt zwar auf die wechselseitige Anerkennung als Allgemeines (Geist, Freiheit), ist aber tatsächlich ein Kampf der Leiber (des Seins, Daseins) gegeneinander. Das Allgemeine kämpft also als Besonderes.
   - Da mit dem Besonderen (des Leibes) auch die Allgemeinheit (des Geistes) vernichtet wäre, unterwirft sich eines der beiden Bewusstseine dem anderen:

- der sich unterwirft, wird Knecht, der andere Herr
- dabei allerdings wird der Knecht nicht als Allgemeines und Geist (Bewusstsein) anerkannt, sondern als Besonderes und Leib (Begierde)
- aber auch der Herr wird nicht anerkannt als Geist und Allgemeines, sondern als Macht
- damit ist beim Kampf um Anerkennung das erstrebte Ziel für keines der beiden Selbstbewusstsein zu erreichen. (Anforderungsbereich II)

4) Die Schülerinnen und Schüler müssen erkennen, dass es Hegel im vorliegenden Text nicht nur um eine gekürzte Fassung des Herr-Knecht-Kapitels aus der „Phänomenologie des Geistes" geht, sondern dass sich Hegel am Ende auf Hobbes´ Gesellschaftsvertrag bezieht und diesem entsprechend den Beginn des Staates in einem Rechtsverhältnis sieht, das die Herr-Knecht-Dialektik (des Hobbesschen Naturzustandes) durch einen Vertrag, in dem jeder sein Recht der Gewaltanwendung auf einen „Oberherrn" abtritt, überwindet. (Anforderungsbereich III)

Die Aufgaben 1) bis 3) müssen in ihrer Grundstruktur erfasst sein, wenn die Note „ausreichend" erzielt werden soll. Eine umfassend differenzierte Leistung erfordert zum einen das Begreifen, dass Hegel hier von der Konstruktion der Geschichte zu der des Staates übergeht, und zum anderen, dass er dabei die Position Hobbes´ in seine Konstruktion einbaut.

5.4   Die mündliche Abiturprüfung

Für die mündliche Prüfung gelten im Grundsatz die gleichen Anforderungen wie für die schriftliche Prüfung.

Die Prüfung ist insgesamt so anzulegen, dass der Prüfling
- sicheres geordnetes Wissen
- Vertrautheit mit der Arbeitsweise des Faches
- Verständnis und Urteilsfähigkeit
- selbstständiges Denken
- Sinn für Zusammenhänge des Fachbereichs und
- Darstellungsvermögen

beweisen kann.

Der Prüfling soll in einem ersten Teil selbstständig die vorbereitete Aufgabe in zusammenhängendem Vortrag zu lösen versuchen. In einem zweiten Teil sollen vor allem größere fachliche und fachübergreifende Zusammenhänge in einem Prüfungsgespräch angesprochen werden.

5.4.1 Aufgabenstellung für den ersten Teil der mündlichen Prüfung

Es bieten sich folgende Möglichkeiten der Aufgabenstellung an, die jeweils aspektgebunden auch gemischt werden können:

- Erarbeitung des Gedankengangs eines Textes, die Einordnung seiner Aussagen in den größeren Zusammenhang einer bekannten philosophischen Position sowie die Erläuterung der Einzelaussage unter einer bestimmten Zielsetzung
- Vergleich kürzerer Texte mit dem Ziel, verschiedene Positionen zu vergleichen, philosophische Kontroversen, Entwicklungen und methodische Zugänge zu klären
- Klärung und Einordnung philosophischer Aussagen in ihren historischen und systematischen Zusammenhang und Auseinandersetzung mit der angesprochenen Problematik
- Klärung und Bearbeitung philosophischer Aussagen von einer bestimmten philosophischen Position aus
- Klärung und Überprüfung philosophischer Positionen auf ihre Tragfähigkeit.

5.4.2 Aufgabenstellung für den zweiten Teil der mündlichen Prüfung

Der zweite Teil der Prüfung besteht aus einem Prüfungsgespräch, das vor allem größere fachliche und fachübergreifende Zusammenhänge überprüfen soll, die sich aus der ersten Aufgabe ergeben, diese aber deutlich überschreiten. Es müssen im gesamten mündlichen Prüfungsteil mindestens zwei Rahmenthemen berücksichtigt werden.

Es ist nicht zulässig, zusammenhanglose Einzelfragen aneinander zu reihen. Es darf auch kein weiterer Text zur Grundlage des Prüfungsgesprächs gemacht werden. Vielmehr geht es darum, einen diskursiv-argumentativen Zusammenhang zur Geltung zu bringen.

5.4.3 Bewertung der Prüfungsleistungen

Für die Bewertung der Prüfungsleistungen gelten in der mündlichen Prüfung die gleichen Grundsätze wie für die schriftliche Prüfung (siehe dazu 5.3.3.1).

Die der Struktur der Prüfungsaufgabe zugrunde liegenden Anforderungsbereiche sind dabei zu beachten (siehe dazu 5.2).

Außerdem ergeben sich für das Prüfungsgespräch im zweiten Teil ergänzende Bewertungskriterien wie z. B.:
- richtiges Erfassen von Fachfragen
- sach- und adressatengerechtes Antworten
- Erkennen und Erläutern von Schwierigkeiten, die im Gespräch auftreten
- Einbringen und Verarbeiten weiterführender Fragestellungen im Verlauf des Prüfungsgesprächs.

5.4.4 Beispiele für Prüfungsaufgaben in der mündlichen Abiturprüfung

Text: Peter Schaber: Gründe für eine objektive Theorie des menschlichen Wohls. In: Was ist ein gutes Leben? Philosophische Reflexionen. Hrsg. von Holmer Steinfath, Frankfurt (Main) 1998, S. 150–152

„Nach klassischer Auffassung ist Glück das zentrale Gut für den Menschen. Ein gutes Leben ist in diesem Sinne ein glückliches Leben.
Man kann Glück als Inbegriff bestimmter subjektiver Zustände, genauer gesagt, als *subjektives Wohlbefinden* verstehen. Nach Ansicht der klassischen Utilitaristen ist es genau dies, wonach alle Menschen streben. Ein gutes Leben bemisst sich entsprechend am Maß subjektiven Wohlbefindens, das sich in ihm realisiert. Doch was ist unter *„subjektivem Wohlbefinden"* genau zu verstehen? Man kann subjektives Wohlbefinden als einen bestimmten inneren, d. h. psychischen Zustand verstehen. Der Ausdruck bezieht sich zum Beispiel auf Gefühle, die wir empfinden, wenn wir erfahren, dass wir eine Prüfung bestanden haben, oder auf die Gefühle, die wir empfinden, wenn wir uns verlieben. Mit „subjektivem Wohlbefinden" sind also die psychischen Zustände gemeint, die sich bei solchen Dingen jeweils einstellen. Dabei sind die Gefühle, die ich habe, wenn ich eine Prüfung bestanden habe, und die Gefühle, die ich habe, wenn ich verliebt bin, nicht dieselben Gefühle. Gibt es etwas, das diese verschiedenartigen Gefühle bzw. psychischen Zustände gemeinsam haben? Ein möglicher Vorschlag lautet: Ein subjektiver Zustand ist ein Zustand subjektiven Wohlbefindens, wenn die betroffene Person wünscht, dass dieser Zustand besteht und andauern möge (...).
Bei einer solchen hedonistischen Theorie guten Lebens handelt es sich um eine *objektive* Theorie des Guten. Ob es einer Person gut geht, bemisst sich nämlich nicht an den Wünschen dieser Person, sondern an bestimmten psychischen Zuständen, in denen sich die betroffene Person befindet und die sie aufgrund ihrer eigenen Natur anstrebt.
Mir scheint allerdings, dass dieses Konzept guten menschlichen Lebens nicht zu überzeugen vermag, denn subjektives Wohlbefinden ist nicht das einzige Ziel, das Menschen anstreben. Wir wollen beispielsweise auch ein autonomes Leben führen; ein Leben, in dem wir eigene Entscheidungen fällen können. Und dies wollen wir nicht, weil wir glauben, Autonomie sei in jedem Fall glücksfördernd. Im Gegenteil. Wir wollen ein autonomes Leben, auch wenn wir wissen, dass dies zuweilen mit für uns negativen Erfahrungen verbunden ist."

Aufgabenstellung

1) Erläutern Sie die Problemstellung des Textes und geben sie den Argumentationsgang der Überlegungen des Autors mit eigenen Worten wieder.
2) Entwickeln Sie die Grundzüge einer Ihnen bekannten ethischen Theorie, die dem vorgetragenen Einwand gegen den Hedonismus gerecht wird.
3) Überprüfen Sie die Konsequenzen des Objektivitätsanspruchs der vom Autor entwickelten Theorie des Guten.

Unterrichtsvoraussetzungen

Die Aufgabe basiert auf zwei Unterrichtsreihen innerhalb des Rahmenthemas „Probleme des menschlichen Handelns (Ethik)" in 12/I. In ihnen wurden verschiedene Begründungs- und Rechtfertigungstypen für sittlich-praktisches Handeln untersucht: die Ethik des Guten (am Beispiel verschiedener Varianten des Hedonismus) und die Ethik des Sollens (am Beispiel des neuzeitlichen Utilitarismus sowie Kants Lehre vom guten Willen und vom kategorischen Imperativ). Text und Aufgabe setzen insbesondere eine intensive Kenntnis von Kants Ethik als Ethik der Menschenwürde und der damit verbundenen Grundsatzkritik an Glückseligkeitstheorien voraus.

Angaben zu der zu erwartenden Schülerleistung unter Verweis auf die konkreten unterrichtlichen Voraussetzungen

Zu 1):

Eine *hinreichend differenzierte* Bearbeitung muss folgende Aspekte deutlich machen: Der Text stellt im Rückgriff auf Theorien der philosophischen Tradition die Frage, ob das Streben nach Glück als höchstes Ziel menschlichen Handelns in Betracht kommt. Um diese Frage beantworten zu können, versucht der Autor zunächst eine Klärung des Glücksbegriffs, und zwar so, dass Glück im psychologischen Sinne als das im Zusammenhang mit erfolgreichem Handeln oder unerwarteten Ereignissen im erfüllten Augenblick sich einstellende Gefühl subjektiven Wohlbefindens „definiert" wird. Auf diese Weise gelingt es, eine inhaltliche Diskussion über das breite Bedeutungsspektrum von Glücksauffassungen zu umgehen und eine in formaler Hinsicht objektive Theorie des guten Lebens als eines glücklichen Lebens zu formulieren. Der Schlussabsatz enthält eine kritische Distanzierung vom Theorieansatz des Hedonismus. Mit dem Hinweis auf das Autonomiestreben des Menschen verbindet der Autor die empirisch begründete Feststellung, dass für das Ziel der „Selbstbestimmung" auch negative Erfahrungen und Konflikte in Kauf genommen werden, die das subjektive Wohlbefinden beeinträchtigen.

Eine *umfassend differenzierte* Bearbeitung sollte die Argumentationsschritte des Textes auch formal klar benennen. Darüber hinaus sollte deutlich herausgestellt werden, wie es dem Autor gelingt, die Aporien glückstheoretischer Debatten von Aristoteles bis hin zu den modernen Utilitaristen durch eine Psychologisierung des Glücksverständnisses zu vermeiden, die auf eine Theorie mentalen Glücks hinausläuft. (Anforderungsbereich I)

Zu 2):

Es liegt nahe, dem Streben nach Glück Kants Theorie des guten Willens entgegenzusetzen, die davon ausgeht, dass Willensautonomie nur dann vorhanden ist, wenn Willensakte hervorgebracht werden können, ohne dass sie durch Sinneseindrücke, Gefühle und Begierden bestimmt sind. Wenn die Rede vom „autonomen

Leben" einen Sinn haben soll, muss demnach an der Idee festgehalten werden, dass der Mensch als vernunftfähiges Wesen frei ist, seinen eigenen vernünftigen Prinzipien zu gehorchen.

Eine *umfassend differenzierte* Bearbeitung sollte die auf die Autonomie des Menschen zielende Formulierung des kategorischen Imperativs berücksichtigen und auf die Notwendigkeit eingehen, aus Gründen der Vernunft auch schmerzhafte Entscheidungen treffen zu müssen, wie es Kant am Beispiel des rigorosen Verbots der Lüge demonstriert. – Kritisch gegen Schabers „Glücksdefinition" könnte allerdings trotzdem die Frage gestellt werden, ob eine autonome Lebensführung nicht ganz andere, vermittelte Formen mentalen Glücks ermöglicht, die der Autor in seinen Ausführungen offensichtlich nicht berücksichtigt. (Anforderungsbereich II)

Zu 3):

Eine *hinreichend differenzierte* Bearbeitung der Aufgabe liegt vor, wenn der Denkansatz Schabers konsequent zu Ende geführt wird. Dabei ergibt sich als Schlussfolgerung: Wenn unabhängig von inhaltlichen Bestimmungen und Wünschen alles gut ist, was bei Einzelnen oder Gruppen von Personen „subjektives Wohlbefinden" erzeugen kann, dann müsste man dafür eintreten, dass die Ziele aller Personen und Gruppen als gleichwertig anerkannt werden. *Umfassend differenziert* ist die Leistung, wenn die Prüflinge darlegen, dass eine solche Auffassung Schwierigkeiten für die gesellschaftliche Koexistenz unterschiedlicher kultureller Gruppen mit sich bringen kann. (Anforderungsbreich III)

Mögliche thematische Schwerpunkte des zweiten Prüfungsteils (je nach Inhalten der Kurshalbjahre 12/I bis 13/II):
* Sicherheit und Freiheit
* die Bedeutung des Rechts für das menschliche Zusammenleben
* moralisch-rechtliche Grenzen der Toleranz in multikulturellen Gesellschaften

Beispiel für eine problemgebundene Aufgabe

Philosophische Aussage: (aus: Charles Taylor, Multikulturalismus und die Politik der Anerkennung, Frankfurt/Main 1993, S. 57 f.)

„Der Liberalismus kann keine vollständige kulturelle Neutralität beanspruchen und sollte es auch nicht. Auch der Liberalismus ist eine kämpferische Weltdeutung. Er muss Grenzen ziehen. Es wird bei der Anwendung des Katalogs der Rechte immer wieder Unterschiede geben, aber in dem hierdurch eröffneten Spielraum hat der Aufruf zum Mord keinen Platz. Man darf darin keinen Widerspruch sehen. Substanzielle Unterscheidungen zu treffen ist in der Politik unvermeidlich."

Aufgabenstellung

1) Erläutern sie die Thesen Taylors über den politischen Liberalismus, indem Sie die zentralen Begriffe erklären und dabei die ihnen zugrunde liegenden Theoreme heranziehen.

2) Stellen Sie die rechtsphilosophischen Voraussetzungen des politischen Liberalismus dar.

3) Bewerten Sie den gegen liberale Rechtspositionen erhobenen Vorwurf des „Eurozentrismus".

Angaben zu der zu erwartenden Schülerleistung unter Verweis auf die konkreten unterrichtlichen Voraussetzungen

Die Aufgabe basiert auf zwei Unterrichtsreihen innerhalb des Rahmenthemas „Probleme von Politik, Recht, Staat und Gesellschaft (Rechts- und Staatsphilosophie)", (12/II). In ihnen wurden Begründungs- und Rechtfertigungsmodelle von Rechtssystemen und politischen Ordnungen untersucht sowie die Frage nach dem Verhältnis von Gesellschaft und Staat unter den Bedingungen des Multikulturalismus gestellt.

Die Lösung der Aufgabe setzt vor allem die Kenntnis der Freiheitstheorie J. St. Mills, der rechtsphilosophischen Grundpositionen Kants sowie ihrer Transformation auf die Bedingungen multikulturell geprägter demokratischer Rechtsstaaten durch Jürgen Habermas voraus.

Zu 1):

Eine hinreichend differenzierte Erfassung der Problemstellung liegt vor, wenn das Kämpferische in der Weltdeutung des Liberalismus in seiner Bedeutung für politisches Handeln erfasst wird. Dies sollte in drei gedanklichen Schritten erfolgen. Zunächst einmal ist die formale Toleranz des weltanschaulich neutralen Staates hervorzuheben, der voneinander abweichende, überzeugungsbedingte Weltdeutungen duldet und dadurch für die Mitglieder der Gesellschaft einen Freiraum schafft, in dem die erforderlichen Auseinandersetzungen im Geiste des gegenseitigen Respekts ausgetragen werden können. Gerade die Anerkennung des Lebens- und Selbstbestimmungsrechts des jeweils anderen setzt allerdings eine Beschränkung dieses Freiraums voraus. Diese Notwendigkeit macht die Durchsetzung einer Spielregel erforderlich, die sich dem kategorischen Rechtsimperativ verdankt: Den Verzicht auf die Anwendung von Gewalt bei allen Formen der Kommunikation und Konfliktbewältigung. Eine umfassende und differenzierte Leistung sollte die entsprechenden Theoreme John Stuart Mills ausdrücklich einbeziehen. (Anforderungsbereich I)

Zu 2):

Eine hinreichend differenzierte Lösung der Aufgabe liegt vor, wenn deutlich wird, dass der politische Liberalismus seine Ziele nur verwirklichen kann, wenn es gelingt, das freie Kulturleben in einen neutralen verfassungsrechtlichen Rahmen einzubinden. Dabei ist zu unterschieden zwischen dem Zweck des Rechts, der verträglichen zwischenmenschlichen Regelung des äußeren Gebrauchs der einem jeden gehörenden Freiheit, und den Mitteln des Rechts zur Durchsetzung der Beschränkung des Freiheitsspielraums auf ein Maß, das eine konfliktfreie Koexistenz der einem jeden verbleibenden Freiheit mit der Freiheit jedes anderen garantiert.

Eine umfassende und differenzierte Bearbeitung hätte – mit Bezugnahme auf Kant – die ethische Fundierung des Rechtsbegriffs und die daraus resultierende Forderung nach einem an der „Würde des Menschen" orientierten Maximum an zu garantierender Freiheit in die Überlegungen mit einzubeziehen. Gleichzeitig sollte mit Habermas aufgezeigt werden, dass und warum der kategorische Rechtsimperativ die Duldung eines gewaltbereiten ideologischen Fundamentalismus gleich welcher kultureller Herkunft verbietet. (Anforderungsbereich II)

Zu 3):

Die Bewertung sollte argumentativ begründet sein. Eine in sich schlüssige Argumentation könnte zum Beispiel zu dem Ergebnis kommen, dass die Denunziation des an Menschenrechten orientierten ethischen Universalismus als eurozentrisches Machtideologie logisch und geschichtlich insofern widersinnig ist, als Würde und Gleichheit nicht nur für die Mitglieder eines Kulturkreises postuliert werden können. (Anforderungsbereich III)

Mögliche thematische Schwerpunkte des zweiten Prüfungsteils (je nach Inhalten der Kurshalbjahre 12/I bis 13/II):
● das Problem der „Wahrheit"
● die ethische Fundierung der Menschenrechte in der Moraltheorie Kants
● das Verhältnis von kultureller Identität und Universalität

5.5   Bewertung der besonderen Lernleistung

Die Absicht, eine besondere Lernleistung zu erbringen, muss spätestens am Ende der Jahrgangsstufe 12 bei der Schule bzw. bei der Schulleiterin oder beim Schulleiter angezeigt werden. Die Schulleitung entscheidet in Abstimmung mit der Lehrkraft, die als Korrektor vorgesehen ist, ob die beantragte Arbeit als besondere Lernleistung zugelassen werden kann. Die Arbeit ist nach den Maßstäben und dem Verfahren für die Abiturprüfung zu korrigieren und zu bewerten. In einem Kolloquium, das im Zusammenhang mit der Abiturprüfung nach Festlegung durch die Schule stattfindet, stellen die Prüflinge vor einem Fachprüfungsausschuss die Ergebnisse der besonderen Lernleistung dar, erläutern sie und antworten auf Fragen. Die Endnote wird aufgrund der insgesamt in der besonderen Lernleistung und im Kolloquium erbrachten Leistungen gebildet, eine Gewichtung der Teilleistungen findet nicht statt. Bei Arbeiten, an denen mehrere Schülerinnen und Schüler beteiligt waren, muss die individuelle Schülerleistung erkennbar und bewertbar sein.

6 Hinweise zur Arbeit mit dem Lehrplan

6.1 Aufgaben der Fachkonferenzen

Nach § 7 Abs. 3 Nr. 1 des Schulmitwirkungsgesetzes entscheidet die Fachkonferenz über
- Grundsätze zur fachmethodischen und fachdidaktischen Arbeit sowie über
- Grundsätze zur Leistungsbewertung.

Die Beschlüsse der Fachkonferenz gehen von den im vorstehenden Lehrplan festgelegten obligatorischen Regelungen aus und sollen die Vergleichbarkeit der Anforderungen sicherstellen. Hierbei ist zu beachten, dass die Freiheit und Verantwortung der Lehrerin bzw. des Lehrers bei der Gestaltung des Unterrichts und der Erziehung durch Konferenzbeschlüsse nicht unzumutbar eingeschränkt werden dürfen (§ 3 Abs. 2 SchMG).

Die Fachkonferenz berät und entscheidet z. B. in den folgenden Bereichen:
- Präzisierung der fachlichen Obligatorik und Maßnahmen zur Sicherung der Grundlagenkenntnisse
- Absprachen zu den fachspezifischen Grundlagen der Jahrgangsstufe 11
- Absprachen über die konkreten fachspezifischen Methoden und die konkreten Formen selbstständigen Arbeitens
- Absprachen über den Rahmen von Unterrichtssequenzen
- Absprachen über die Formen fachübergreifenden Arbeitens und den Beitrag des Faches zu fächerverbindendem Unterricht
- Koordination des Einsatzes von Facharbeiten
- Absprachen zur besonderen Lernleistung

Grundsätze zur Leistungsbewertung

Grundsätze und Formen der Lernerfolgsüberprüfung sind im Kapitel 4 behandelt worden. Es ist die Aufgabe der Fachkonferenz, diese Grundsätze nach einheitlichen Kriterien umzusetzen.

Beschlüsse beziehen sich
- auf den breiten Einsatz von Aufgabentypen
- auf das Offenlegen und die Diskussion der Bewertungsmaßstäbe
- auf gemeinsam gestellte Klausurthemen bei Abituraufgaben
- auf die beispielhafte Besprechung korrigierter Arbeiten

Beiträge der Fachkonferenz zur Schulprogrammentwicklung und zur Evaluation schulischer Arbeit

Aussagen zum fachbezogenen und fachübergreifenden Unterricht sind Bestandteil des Schulprogramms. Die Evaluation schulischer Arbeit bezieht sich zentral auf den Unterricht und seine Ergebnisse. Die Fachkonferenz spielt deshalb eine wichtige Rolle in der Schulprogrammarbeit und bei der Evaluation des Unterrichts. Dabei sind Prozess und Ergebnisse des Unterrichts zu berücksichtigen. Die Fachkonferenz definiert die Evaluationsaufgaben, gibt Hinweise zur Lösung und leistet insoweit ihren Beitrag zur schulinternen Evaluation.

Jede Fachkonferenz sollte demnach im Rahmen der geltenden Lehrplanvorgaben schulbezogene Fachlehrpläne entwickeln, die die spezifischen Erfordernisse berücksichtigen und die Vergleichbarkeit des Unterrichts sicherstellen. Solche schulischen Konkretisierungen ergeben sich aus der Notwendigkeit, aus den vorgegebenen Rahmenthemen Kursthemen zu formulieren. Deren Abfolge und Auswahlmöglichkeit, aber auch die didaktische Konturierung der Bereiche des Faches als philosophische Fragedimension ermöglichen schulbezogene Absprachen über die Verknüpfung von Unterrichtsthemen, über deren methodische Umsetzung und über die notwendigen Zielperspektiven.

Damit Schülerlaufbahnen beim notwendigen Kurswechsel oder im Wiederholungsfall nicht gefährdet werden, ist zu Beginn des jeweiligen Schuljahres für die Kurshalbjahre 11/II und 12/II eine Auswahl aus den alternativen Rahmenthemen zu treffen, die für alle in einer Jahrgangsstufe unterrichtenden Lehrerinnen und Lehrer bindend ist, entsprechende Absprachen sind auch für die gewählte Sequenzbildung erforderlich.

Die Zusammenarbeit in der Fachkonferenz stützt das Prinzip Offenheit und verhindert zugleich einen „geheimen" Kanon von Themen und Aufgaben, der aus Lehrervorlieben entstehen könnte.

Im Übrigen muss bei der Absprache der Fachkonferenz über das schulinterne Curriculum gewährleistet sein, dass die gesamte historische und systematische Breite und Tiefe der Philosophie durch die Abfolge und den Aufbau der Kursthemen von 11/1 bis 13/II im Sinne der Rahmenthemen exemplarisch behandelt werden. Nur durch systematische Planung des Unterrichts von 11/I bis 13/II, was die Abfolge, den Aufbau und die Inhalte des Unterrichts betrifft, ist zu verhindern, dass der Philosophieunterricht sich situativ-zufällig einmal diesem, dann wieder jenem Thema zuwendet und dadurch die kontinuierliche Progression der Lernprozesse der Schülerinnen und Schüler verhindert wird.

Insbesondere bei Parallelkursen in der Jahrgangsstufe 11 ist darauf zu achten, dass alle Kursteilnehmer zu Beginn der Jahrgangsstufe 12 über einen Mindeststandard an Wissen um die verschiedenen Dimensionen der Philosophie, der besonderen philosophischen Inhalte und Problemstellungen sowie des philosophischen Denkens verfügen. Des Weiteren muss gewährleistet sein, dass die Methoden des Philosophieunterrichts ebenso bekannt sind wie die Leistungsanforderungen bei schriftlichen und mündlichen Lernkontrollen.

6.2 Übergreifende Koordination

Die Aktivitäten der einzelnen Fachkonferenzen bedürfen einer Koordination. Bestimmte Aufgaben könnten einzelnen Fächern zugeordnet werden (z. B. in Absprache mit den Kollegen des Fachbereichs Deutsch bei Facharbeiten). Die fachübergreifenden Projektveranstaltungen müssen im Hinblick auf die Beiträge der Kopplungsfächer rechtzeitig geplant und koordiniert werden.

6.3 Koordination der Aufgaben im Schulprogramm

Das Fach Philosophie nimmt in der Entwicklung des Schulprogramms insofern eine herausgehobene Stellung ein, als es die Verhaltens- und Handlungsdimensionen von Schülerinnen und Schülern, Lehrerinnen und Lehrern, Eltern und anderen am Schulleben Beteiligten fundierend thematisiert und auf diese Weise beeinflusst. Da Unterricht ohne eine humane Erziehungsperspektive pädagogisch kontrafinal bleibt, hat das Fach Philosophie hier eine Nahtfunktion zwischen allen Fächern und allen am Schulleben Beteiligten. Die Philosophie hat in all ihren Disziplinen ihr Zentrum im denkenden und handelnden Menschen: sowohl in seiner Individualität als auch in seiner Gattungsbestimmung.

Entscheidend ist, dass über die unterrichtliche Vermittlung philosophischer Begründungszusammenhänge hinaus eine Schulkultur gedeiht, in der dem Einzelnen die unaufhebbare Einheit von Denken, Empfinden, Handeln und Sprechen stets bewusst ist und die in diesem Sinne das soziale Klima bestimmt. Das Fach Philosophie prägt damit regulativ das Ethos des Schulprogramms. Die jeweiligen Unterrichtsinhalte, das erzieherische Verfahren und die in der Schule erfahrbaren Lebenssituationen müssen korrelieren. Es darf nicht zu einem Bruch kommen, durch den die Schule und die in ihr handelnden Personen unglaubwürdig werden.

Über diese zentrale Aufgabe hinaus prägt der Philosophieunterricht nachhaltig das Oberstufenprofil einer Schule. Er ist der pädagogische Ort der Sinn- und Wertevermittlung und damit der Persönlichkeitsbildung. Da Philosophie von sich aus auf das Ganze geht, fördert der Philosophieunterricht die Schülerinnen und Schüler in der Einheit ihrer Person.

Deshalb empfiehlt es sich, philosophische Veranstaltungen auch ins außerunterrrichtliche Schulprogramm aufzunehmen. Es bieten sich hierzu die Dokumentation von Schülerprojekten ebenso an wie Kulturforen (Vortrags- und Diskussionsveranstaltungen), aber auch die Nutzung außerschulischer Institutionen wie Universität, Hochschule oder Volkshochschule.

Register